KB237626

크리에이티브의 길을 묻다

우리 시대 광고 인물 열전

크리에이티브의 길을 묻다

김병희 지음

살림

인터-뷰의 즐거움

광고에 있어서 창의성이란 무엇인가? 보다 창의적인 광고를 만드는 방법은 무엇인가? 창의적인 광고에 대한 평가 기준은 무엇인가? 나는 오랫동안 이 세 가지 질문에 매달렸는데, 이것인가 하는 순간 저것의 모습으로 다가왔고 찾았다고 생각하는 순간 사라져버렸다. 도대체 광고 창의성이 무엇이길래……. 나는 크리에이티브의 세계를 향하여 길을 나섰다가 길 위에서 길을 잃고 출발점으로 다시 되돌아오고는 하였다.

　사람들은 어떤 광고가 좋고 어떤 광고가 나쁘다고 쉽게 말한다. 그때마다 나는 판단을 유보하였는데 그들의 판단이 즉흥적이고 지나치게 주관적이었기 때문이다. 차라리 화학 실험실의 분석기에서 화합물을 분리해내듯이 창의적인 광고를 가려내는 분석기가 있다면 좋겠다고 생각한 적도 있다. 그러나 당연히 광고는 여러 아이디어의 단순한 조합으로 만들어지는 것이 아니고, 똑같은 단추를 수십만 개 찍어내는 단순 제작 과정을 거치는 것도 아니다. 광고가 사람의 마음을 움직일 수 있는 여러 심리적 장치들을 동원하는 고도의 창작 과정을 거쳐 만들어지는 이상, 앞서의 기대는 언제나 대답 없는 메아리로 끝나기 일쑤였다.

　공부 삼아 이런 저런 책들을 찾아보니, 마치 성경의 첫 장에서 누가 누구를 낳고 그 누가 또 다른 후손을 낳고 하는 식으로 한결같이 홉킨스, 로서 리브스, 헬 스티빈스, 오길비, 번벅, 레오버넷, 제임스 웹 영 같은 외국 광고인들을 죽 나열하는 내용들이 많았다. 우리 광고의 역사도 100여 년이 흘렀는데, 언제까지나 외국 광고인의 광고 철학에만 기대어 우리 광고를 창작할 수 있겠는가. 그래서 광고의 각 분야에서 일가를 이룬 국내 광고인들로부터 자신의 광고 창의성에 대한 이런 저런 생각들을 물어보기로 하였다. 이 책은 인터뷰 과정에서 나타난 우리의 광고 철학을 간추려 모은 것이다.

인터뷰(interview)란 무엇이겠는가. 인터뷰를 하려면 묻는 자가 있고 답하는 자가 있을 터이다. 답하는 자의 입장에서는 질문자가 묻는다고 하여 자기 속내까지 다 답해야 할 필요가 있겠는가. 묻는 자의 입장에서는 영 어색한 분위기가 흐르는데 참여자에게 묻고 싶은 말을 다 물어볼 수 있겠는가. 그렇기 때문에 인터뷰란 단순히 묻고 답하는 과정이 아닌 서로가 서로를 깊이 있게 바라보는, 문자 그대로 인터-뷰(inter-view)하는 과정이 아니겠는가. 나는 광고계의 여러 선배들을 만나며 서로가 서로의 마음속 깊은 골짜기까지 다가가고자 하였다. 이렇게 만나는 과정은 참으로 즐거운 수다떨기였다. 이 과정에서 나는 광고 창의성이란 도대체 무엇인지 진정으로 알고 배우고자 하였다.

사람에 대한 평가는 함께 공유한 경험의 깊이와 폭에 따라 엇갈릴 수 있으니, 이 책에 소개된 인물에 대한 평가 역시 보는 이의 관점과 친소관계에 따라 얼마든지 달라질 것이다. 하지만 세상에 어찌 만인으로부터 똑같이 사랑받고 같은 평가를 받는 사람이 있을 수 있겠는가. 역설적으로 말하자면, 적이 없는 사람은 친구 또한 없지 않겠는가. 보는 관점에 따라 다르게 평가할 수 있는 인물들이고, 그래서 참 말 많은 우리 광고계에서 쉽게 반론의 빌미를 제공할 것임을 알면서도, 나는 그들의 장점만을 보려고 노력하였고 우리 광고계에 기여한 바를 긍정적으로 평가하고자 하였다.

이 책은 『광고정보』(한국방송광고공사 발행)에 연재한 글의 일부를 다듬어 묶은 것이다. 연재하는 동안 각계각층에서 보내주신 분에 넘치는 사랑과 관심에 다시 한번 감사드린다. 또한, 소중한 지면을 할애해주신 『광고정보』 관계자들과 이렇게 책으로 묶어주신 살림출판사 편집진에게 고마움을 전한다. 언젠가 때가 되면 광고 창의성의 전형성(prototype)을 규명함으로써 독자들의 사랑에 답하고 싶다. 외국의 크리에이터라면 맹목적으로 숭배해마지않는 우리 광고계 풍토에서, 이 책이 우리의 광고 철학과 광고 창작자에 대한 발견의 기회를 제공할 수 있기를 기대한다.

2004년 8월

김 병 희

차례 | c o n t e n t s

홀로 가는 크리에이티브의 길

카피 창작의
아득한 황홀경

김태형

우리 광고 푸르게 푸르게
때로는 리얼리스트로 때로는 로맨티스트로

1936년생. 서울대 약학과 졸업. 영진약품,
제일기획, 코래드, 웰콤을 거쳐 지금도 카
피를 쓰고 있는 영원한 청년이다. 그가 쓴
카피는 우리말의 아름다움을 한껏 살리면
서도 판매 메시지를 그윽하게 담고 있어서
자못 유려하기까지 하다. 그만의 광고 창의
성 개념인 '생활의 제안'을 바탕으로, 살아
가는 이야기들을 카피로 빚어낸 결과였다.

그대, 크리에이티브의 길을 묻는가?

우리 광고 푸르게 푸르게

「우리 강산 푸르게 푸르게」

도대체 누구시길래……. 도대체 누구시길래 환경 캠페인 하면 가장 먼저 떠오르는 유한킴벌리의 슬로건을 썼을까. 도대체 누구시길래 언제 봐도 물리지 않고 언제 들어도 가슴에 와닿는 이런 대단한 카피를 썼을까? 바로 60대 청년 김태형이다. 광고 창의성을 찾아서 두근거리는 가슴을 안고 떠나는 머나먼 여행길에서 반가운 길손으로 김태형을 만났다. 그를 우리 시대 광고 표현의 거장이라고 불러도 크게 과장된 말은 아닐 터이다. 스스로 은퇴했다고 말하고 있지만, 그는, 아직도, 여전히, 지금, 여기에, 젊고 강렬한 창작 혼을 불태우며 우리 광고를 푸르게 푸르게 하고 있다.

불현듯, 아니 오래전부터 지녀온 의문부터 먼저 말해야겠다. 우리네 광고 크리에이티브 관련 책들은 왜 한결같이 홉킨스, 로서 리브스, 헬 스 티빈스, 오길비, 번벅, 레오 버넷, 제임스 웹 영의 계보로 이어지는 그런 내용밖에 가지고 있지 못한가? 왜 우리네 광고 책은 하나같이 천편일률적 인 내용이어서, 새 책이 나왔다 해도 그다지 새롭지 않은 그 밥에 그 나물 이어야 하는가? 사람들은 자주 오길비나 번벅을 언급하지만 지금의 변화 된 광고 환경에서 보자면 그들의 생각 중에도 수정되어야 할 부분이 많 다. 그들의 선구적 업적은 단연코 돋보이지만 언제까지 맹목적으로 숭배 만 할 수는 없다. 우리 광고인의 광고 철학과 창작 방법론을 정리해야 한 다고 본다. 서양에 마르크스가 있고 동양에 이하(李賀)가 있듯이, 미국에 오길비가 있다면 한국에는 김태형이 있다.

광고 창의성이란 무엇인가? 광고는 모름지기 창의적이어야 하고 그 것이 광고 효과를 약속한다고 말한다. 많은 광고 창작자들은 창의적인 광 고 그 하나를 위하여 숱한 불면의 밤을 보낼 것이다. 김태형은 약 40년간 오로지 카피만을 써온 사람이다. 그는 사람에 따라 다르고 상황에 따라 달라질 수 있는 창의성의 개념을 '생활의 제안'에서 찾고 있다.

광고 창작자는 건축가이다

창의적인 광고를 만들어야 한다, 크리에이티브가 있어야 한다, 이런 얘기를 많이 하지요. 사람마다 다르고 해서 참 어려운 것 같습니다. 무엇이 광고 창 의성이라고 생각하십니까?

□■■■남다르게, 남다르게 하는 거지요. 전략에도 창의성이 있어야 하고 표현에도 창의성이 있어야 하지요.

남다르다는 게 구체적으로?
□■■■말뜻 그대로 새로운 거지요. 지금까지 다른 광고에서 보지 못한 새로운 뭔가. 새로운 표현, 새로운 발상, 그거죠. 창의성은 장난치는 거야, 장난. 피카소를 보면 온갖 장난을 다……. 장난꾼 아냐? 장난꾸러기. 또, 창의성이란 별게 아니고 위트다, 그렇게 말하는 사람이 있는데 이 말도 맞아요. 창의성은 뭐 어떤 대단한 게 아닙니다. 위트 그리고 재치, 결국 유희정신을 통해 새로운 생활 제안을 하는 것이지요.

김태형은 광고 창작자를 건축가와 동격으로 본다. 이는 광고가 과학이냐 예술이냐의 문제와 직결되는데 이에 대해 굳이 정답을 내릴 필요는 없다는 것이다. 김태형은 다음과 같이 묻는다.

그러면 건축은 과학인가? 예술인가? 마찬가지로 딱 잘라 대답하기 어려운 질문이다. 바로 그 점에서 광고와 건축은 많이 비슷하지 않은가?

건축물은 본래의 기능인 '살기 좋음'과 '튼튼함'이 중요하겠지만, 그것만으로는 안 되고 주변 환경과의 조화도 중요하다. 그 건물 내에서 살지 않는 사람에게도 즐거움을 주어야 하듯, 광고 역시 상품 판매라는 본

래의 기능을 수행하면서 대중과 호흡하고 즐거움을 주어야 좋은 광고라
는 것이다. 이를 위해 마케팅 전략 차원에서 좀더 주도면밀한 작업이 이
루어져야 하고, 그 바탕 위에서 광고 창작자들이 가능한 한 자유를 행사
해야 한다. 그들은 좀더 장난스런 발상으로 장난이 아닌 '파는' 광고를
만들어야 한다는 것이 김태형의 지론이다. 광고회사 웰콤의 기업 PR 광고
로도 활용된 김태형의 시「꽃」을 보자.

가리키는 손이 아니라
꽃에 머물게 해야지

광고가 아니라
제품에 머물게 해야지

오길비가 광고에서 과학적 접근을 강조했다면, 윌리엄 번벅은 예술적인 입
장을 견지했는데, 선생님께서는?
□■■ 광고전략을 만들 때까지는 과학적인 작업이고, 크리에이티브에
가서는 예술성이 문제가 되지요. 나는 어느 쪽인가 하면, 과학도 아니
고 예술도 아니고, 그냥 광고지요. 일하는 동안 광고가 뭐 과학이냐
예술이냐를 비교해서 문제삼아본 적도 없고 동의한 적도 없어요. 광
고는 그냥 광고다, 그러니깐 장사다, 이거지요.

마치 ‘산은 산이요 물은 물이로다’ 같은 선문답인데요.

□■■■어느 쪽 입장을 더 강조하느냐에 따라 달라질 거 같은데 굳이 말하자면 나는 과학 쪽에 더 기울어지지 않나 싶어요. 또 광고는 문화적인 거지요. 마치 건축에서의 조형예술 미학이라고나 할까요? 내 생각으로는 광고란 예술도 아니고, 그냥 물건을 팔기 위해서 만든다고 봐요. 뭐 예술을 하려거든 순수 예술 쪽으로 가는 게 낫지 싶어요.

누가 창의적인 광고를 만드는가

창의적인 광고가 나오기 위해서는 어떤 여건이 갖춰져야 하나요?

□■■■내가 얼마나 창의적으로 카피를 썼는지는 모르겠지만 좌우지간 시간과 장소에 구애받지 않고 살았어요. 프리랜서 생활을 많이 했기 때문에 나 혼자 막 돌아다니고 그랬어요. 조직에 얽매이지 않고 자유스럽게. 내가 지금까지 쭉 해온 것을 생각하면, 그냥 자유롭게 지냈어요. 부하를 거느린다거나 상사를 모신다거나, 이런 것도 잠깐밖에 없었어요. 나 혼자 원 맨 플레이로 했는데 이런 개인적인 자유스러움이 참 좋았다고 생각해요. 한때 제일기획에 있었지만 조직에 들어가서 대리, 차장, 부장, 팀장 맡고 그랬더라면, 그러니까 조직을 관리하면서 크리에이티브 작업을 계속했더라면, 내가 지금보다 더 나은 성과를 거둘 수는 없었을 거라고 봐요. 아마 내가 회의를 가장 적게 한 카피라이터일 거예요. 회의가 나쁘다는 건 아니고, 하긴 해야 하는데,

결국 개인의 아이디어 문제지요. 우리 때는 안 그래도 됐고 그럴 여건
도 아니었죠. 어쩌면 다행이죠. 이건 뭐 참고로 하는 말이지만, 광고
회사에서 회의할 때는 생각이 안 떠올랐는데 나 혼자 떨어져서 할 때
는 생각이 나고, 뭐 그런 경우였어요. 곧바로 카피가 써지는 경우도
있었지요. 그런데 인제 그럴 수도 없고 그러면 안 되겠지요. 다 팀워
크로 하니까요, 팀워크 말이죠.

사람마다 성격이나 성향이 다르잖아요. 대개 어떤 사람이 창의적인 광고를
만들 가능성이 높다고 보세요?

□■■■ 상상력이 뛰어나고 머리가 좋아야지요. 광고에 미쳐야 하고. 그
런데 난 광고에 안 미쳤어요. 안 미쳤는데 오래 해왔기 때문에. 30에
시작해서 인제 67 됐으니까 35년 넘게 했어요. 사실 내가 양심선언을
하고 싶은데요. 다른 분들은 내가 창의적이라고들 하는데, 사실 난 창
의성도 없고 광고에 적성도 맞지 않는 사람이예요. 나 같은 사람말고,
나와 정반대되는 성격의 사람이 창의적일 가능성이 높지 않나 싶어
요. 첫째, 머리가 좋고, 둘째, 광고인으로서의 자질과 적성이 맞아야
하는데, 진짜 머리가 좋아야 해요. 그 머리 좋은 거, 계산이 빠르
고……, 숫자…… 이거…… 잘하는 머리 좋은 사람도 있고, 소설 잘
쓰는 머리도 있고, 뭐 그런데 좌우지간 머리가 좋아야 해요. 그리고
남한테 지지 않겠다, 제일 좋은 걸 만들어야겠다, 그런 의욕이 있어야
해요. 그리고…… 노력입니다. 머리, 의지, 노력, 이 삼박자가 잘 맞아
야 해요. 참고로 웰콤의 박우덕 같은 사람은 창의적인 광고를 많이 만

들지요. 머리, 의지, 노력 이 세 가지가 잘 어우러진 경우예요.

어떤 사람은 TV 광고에 강하고 어떤 사람은 인쇄 광고에 강하고, 사람마다 차이가 있는 것 같습니다. 어떻게 보십니까?

□■■■ 말로 설명하기 참 어려운데, 카피라이터들이 카피를 써도 텔레비전에 맞는 게 있고 인쇄에 맞는 게 있어요. 내가 일할 때는 TV보다는 인쇄 매체가 성할 때니까 나는 물론 인쇄 매체에 강하다고 할까요? 사람의 재주에 따라서 감각적인 TV나 라디오 쪽에 강한 사람이 있겠지요. 근본적인 것은 다 같은데, 인쇄 쪽도 잘하고 전파 쪽도 잘하고 그러면 더욱 좋겠지요.

창의적인 광고에는 생활의 제안이 살아 있다

일찍이 1989년에 김태형은 광고가 '생활의 제안'이 되어야 한다고 주장하였다. 소비자 입장에서 '소유'의 문제가 아니라 '생활'이 문제가 되는 시대가 올 것으로 보고 광고는 이제부터 좀더 창조적이고 재미있는 삶의 방법을 구체적으로 제안해야 한다고 본 것이다. 도쿄 올림픽 이후에 일본 광고가 생활의 제안 캠페인을 했듯이, 우리 광고도 중산층 이상을 대상으로 생활 비평적, 문명 비평적 시각에서 상품과 생활의 의미를 예리하게 천착할 필요가 있고, 그것이 표현의 흐름을 주도할 것으로 보았다. 다음의 로얄 셔츠 기업 광고 시리즈에는 생활의 제안이 살아 있다.

「신사란?
자기와 반대되는 의견이라도
중간에 가로막지 않고 끝까지 들어주는 사람」

「신사란?
야구선수의 날쌘 스틸엔 박수를 치지만
자기가 차를 몰 땐 절대로 스틸을 하지 않는 사람」

「신사란?
회사의 청소부 아주머니에게도
'수고하십니다' 라고 먼저 인사하는 사람」

　창의성 향상에 영향을 미치는 요인에는 여러 가지가 있을 수 있다. 자라온 환경, 전공 영역, 근무하는 회사의 여건 등이 창의성 계발에 영향을 미칠 수 있는데, 김태형은 특히 머리가 좋아야 함을 강조한다. 여기에서 머리가 좋다는 것은 단순히 높은 지능지수를 의미하는 것이 아니라, 기억력과 상상력을 가리킨다. 그러나 기억력이 너무 뛰어나면 자기도 모르는 사이에 외국의 온갖 광고물들을 아이디어 발상의 단서로 삼기 때문에, 기억력이 오히려 방해가 될 수 있다는 점도 아울러 경계한다. 김태형은 지나친 기억력보다는 사물에 대한 자세한 관찰과 면밀한 인간 심리의 분석을 통하여 상상력을 발휘하는 것이 가장 중요하다고 강조한다. 그는 1993년에 쓴 글 「광고하는 사람이란」에서 후배들에게 이런 충고를 하고 있다.

일찍이 1989년에 김태형은 광고가 '생활의 제안'이 되어야 한다고 주장하였다.

로얄 셔츠 기업광고 시리즈에는 **생활의 제안**이 살아 있다.

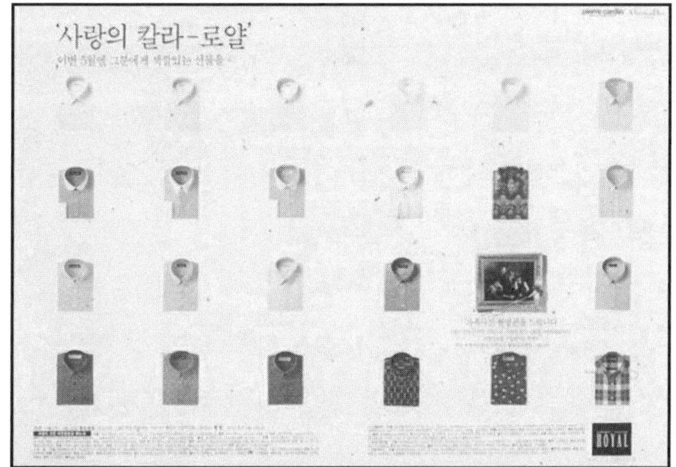

약간의 재치와 작문 좀 할 줄 알면 쉽사리 카피라이터가 될 수 있다고들 생각하는 것인지 모른다. 그런 인식을 가지고는 카피라이터가 될 수 없고, 된다고 하더라도 이내 좌절의 쓴맛을 본다. 피와 눈물의 직업임을 알고 덤빌 일이다.

_「광고계 동향」 1993년 11월호, 3쪽

거장의 초년병 시절로 되돌아가보자. 인생의 풍향계는 자기 의지와 상관없이 돌아갈 때가 많다. 놀랍게도 김태형 역시 '우연히' 광고를 하게 되었는데 인생의 수레바퀴가 어떻게 돌아가는지 정말 모를 일이다.

처음에 어떻게 해서 광고를 하시게 되셨어요?
□■■■ 약대 출신인데 약국을 하다가 재미가 없어서 치우고 영진약품에 취직을 했어요. 마침 광고부원을 모집하기에 광고가 뭔지도 모르고, 신문의 모집광고 보고 그냥 들어갔어요. 선전부에 들어가니까, 뭐 문장을 써보라고 해요, 문장. 그래서 그렇게 됐어요. 우연히. 광고하고 싶어 들어간 게 아니라 그냥 취직하는 마음으로. 그 후 한 5년간 훈련생활을 하다가 나중에 제일기획에 들어갔어요.

당시에는 프리랜서가 퍽 드문 시절이었을 것 같은데요.
카피라이터로서는 내가 처음이었지요. 디자이너 한 사람하고 어떻게 뜻이 맞아 충무로에 사무실 하나 내서 시작했지요.

김태형은 한국 최초로 『김태윤 작품집 : 廣告文案』을 펴낸다.

프리랜서 카피라이터의 영업을 위한 차원에서였건,

너무 열악한 당시의 카피 수준을 타개하기 위한 카피라이터의 열정에서였건,

중요한 점은 이 작품집이 국내 최초의 카피 작품집이라는 사실이다.

CREATIVECREATIVECREATIVE

꼬마햇님을
이방 저방 끌고
다니느라 꽤나 부산
했었는데, 올해엔 하날
더 들여와서 안방과 아이들
공부방에 하나씩 놓으니 이젠
마음까지 푸근해서 더욱 겨울
을 모르겠어요.   물론 작년에
써 봐서 잘 알지만, 그을음이 생기
나요, 냄새가 나나요. 이건 그저
방을 따뜻하게 할 줄밖에
모르는 희한한 난로랍니다.
우리 집에선 꼬마햇님
으로 통하는
은성석유난로

은성석유난로 꼬마햇님 광고를 보면 카피의 시각화,

즉 난로 불이 타오르는 모습을 카피로 제시하기 위해 꽤나 공들인 흔적이 돋보인다.

당시로서는 상당히 파격적인 결단이었을 것 같네요. 생계 위험도 있고요.

□■■ 그렇죠. 어떻게 먹고살았는지 모르죠. 힘든 시절이었어요. 제일
기획에 있다가 거기도 좀 시들해져서 나왔어요. 나와서 밖에서 코래
드(KORAD) 일을 했어요. 계약 케이스로요.

이 무렵 김태형은 한국 최초로 『김태윤 작품집 : 廣告文案』(1971)을
펴낸다. 프리랜서 카피라이터의 영업을 위한 차원에서였건, 열악한 당시
의 카피 수준을 타개하기 위한 카피라이터의 열정에서였건, 중요한 점은
이 작품집이 국내 최초의 카피 작품집이라는 사실이다. 이 작품집에서 그
는 여러 가지 새로운 창작 방법을 시도하고 있다. 김태형 본인은 습작이
라며 어디에 내놓기를 꺼려하지만, 당시의 카피에서도 생활 제안의 단서
들을 두루 포착할 수 있으며 여러 가지 형식 실험을 접할 수 있다.

마마라면 인쇄 광고를 보자. 「가을 깊은 밤에 / 밤공부하며 / 먹으면
천하일미 / 공부도 즐거워 / 마마라면」 등 총 네 편으로 이루어진 이 광고
에서 훗날의 '쉬운' 카피의 전형을 만날 수 있다. 또한, 은성석유난로 꼬
마햇님 광고를 보면 카피의 시각화, 즉 난로 불이 타오르는 모습을 카피
로 제시하기 위해 꽤나 공들인 흔적이 돋보인다. 이것이 1971년의 광고라
는 점을 생각해보면, 김태형의 창의성은 벌써부터 푸르게 푸르게 자라고
있었다고 할 수 있다.

때로는 리얼리스트로
때로는 로맨티스트로

다시 창의성으로 돌아가서, 창의적인 광고의 특징은 무엇이며 그 기준은 어떻게 달라지는지 알아보자. 김태형은 광고를 보는 순간, 어디서 많이 본 것 같다, 이런 느낌이 들면 창의적인 게 아니고, 깜짝 놀랄 뭔가가 있으면 창의적인 광고라고 본다. 무척 평범한 진술이지만 여기에는 김태형이 그토록 애써온 모방에 대한 거부감이 짙게 배어 있다. "나는 카피라이터였던가, Re-copywriter였던가? 나는 프로듀서였던가, Re-producer였던가? 나는 디자이너였던가, Re-designer였던가?"를 하루도 쉬지 않고 스스로에게 묻고, 자기만의 스타일을 만드는 데 혼신의 힘을 기울였을 때 비로소 창의적인 광고가 나온다고 본다.

지금 주위를 둘러보면 색깔만 요란할 뿐 이미지는 간데없는 광고들이 난무하고 있다. 이에 대해 김태형은 광고가 잘되고 못되고 이전에 우선 말이 되어야 하는데, 그것마저 부족한 상태에서 여기서 슬쩍 저기서 슬쩍 베끼는 것이 광고의 창의성을 망치는 것으로 보았다. 따라서 겉으로 봐서는 그럴듯한 광고도 실패할 가능성이 충분히 있다는 것이다. 그렇다면 그는 창의적인 광고의 평가 기준에 대해 어떻게 생각하고 있을까?

남이 나를 모방하게 만들라

광고상도 그렇고 사내 리뷰에서도 그렇고 평가하는 사람마다 기준이 다른 거 같아요. 광고물을 평가하는 어떤 창의성 평가 척도가 있다면?

□■■ 지금까지 보지 못했던 거, 그리고 나 같으면 도저히 못 만들겠다는 것! 광고는 일단 그래픽, 카피, 아트 이런 거 좀 엉성하더라도, 많이 팔면 좋은 광고예요. 그러니깐 남의 것을 모방해서는 안 되고, 남이 나를 모방할 수 없는 그런 걸 만들어야겠다는 욕심을 가져야 해요.

지금까지 카피를 쓰거나 아이디어를 내는 과정에서 창의성 계발을 위해 가장 노력하신 것은?

□■■ 글쎄요. 그냥 한 가지 일이 주어지면 그걸 가지고 끙끙 앓는 거지요. 그냥 머리가 빨리 늙지 않게 하기 위해서 노력했고, 영화도 많이 보고 책을 많이 읽고, 뭐 그런 노력들을 해왔어요.

그렇다면 카피 파워를 높일 수 있는 비결은 무엇일까요?

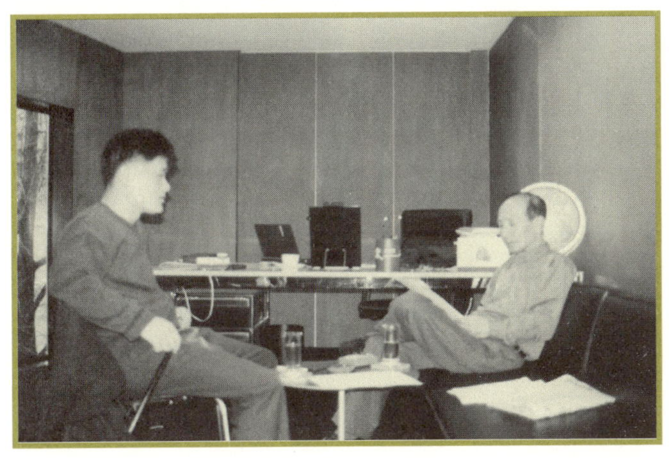

□■■■카피라이터의 야망이지요. 야망을 가지고 부단히 노력하는 거지요. 그동안 별 욕심 없이 살아왔는데 단 하나의 욕심은……. 늘 집어치워야겠다고 생각하면서도 만일 계속 한다면 적어도 카피라이팅만큼은 한국에서 제1인자가 돼야겠다, 그런 생각은 있었어요. 내가 뭐 광고회사를 하나 가지고 해야 되겠다, 그런 야망이나 욕심은 없었고, 카피 하나에서만큼은 최고가 되어야겠다, 솔직히 그런 야망은 있었어요.

35년간 발바닥으로 써온 카피

김태형은 늘 좌절하면서도 '논리가 좌절된 곳에서 창작이 시작된다'는 믿음으로 우리 광고 표현의 수준을 한 단계 올려놓았다. 그는 날마다 카피를 생각하고 카피를 쓰면서, 속으로 코피를 흘리면서, 다음의 다섯 가지를 가

습속에 몇 번씩 되새기면서 카피를 썼다. 이른바 김태형의 창작 방법론이
라 할 것이다.

> 1) 다르게 하라
>
> 2) 재미있게 하라
>
> 3) 새롭게 접근하라
>
> 4) 단순화하라
>
> 5) 믿음을 사라

이 다섯 가지 원칙을 세운 김태형은 책상머리에 앉아서 카피를 쓰지
않고 발바닥으로 카피를 썼다. 그는 시 「오늘도 걷는다마는」에서 다음과
같이 고백하고 있다. "그렇다 나는 / 신발 바닥에서 아이디어를 캤다 / 길
에서 카피를 썼다 / 장터에서 썼다 / 산에서 썼다 / 나는 썼다." 김태형은
35년간 그렇게 썼다, 썼다. 그렇게 35년간 정신없이 써온 것들 중에서 몇
가지만 살펴보자. 그야말로 1960년대 중반부터 지금까지 오로지 카피만
써온 '20세기 카피라이터의 혼적' 이라 할 수 있다.

「좋아해주세요─ 엄마가 첫째, 해태는 둘째」___해태제과 기업광고

「왜 여자로 태어났던가?」___유한킴벌리 코텍스

「남편 몰래 아이들 몰래」___유한킴벌리 코텍스

「여자의 일 년은 305일?」___유한킴벌리 코텍스

「무좀이란 놈이 이제야 임자를 만났군!」___삼아약품 무좀약 아루스연고

「복잡한 세상입니다, 계산만은 간단히 합시다」__삼성 Secal전자계산기

「봄이 오면 김장이 간다?」__제일제당 김치시지마

「커피역사가 낳은 최고의 명작, 맥심」__동서식품 맥심

「딱하다, 행주여!」__유한킴벌리 크리넥스 키친타올

「행주여, 안녕!」__유한킴벌리 크리넥스 키친타올

「50 청년이 있는가 하면 30 노인이 있습니다」__그랑페롤

「老? No!」__유한양행 게론톤

「使命이 커짐에 따라 社名을 바꾸었습니다」__한농

「대통령 관저 앞을 시민들이 자유롭게 통행하는 나라」__1987 대통령선거

「안주를 든든히 먹어라」__로얄셔츠

「지금부터입니다, 아버지」__로얄셔츠

「스승의 날에야 찾아뵙습니다」__로얄셔츠

「만나면 편안한 사람이 있습니다

　　입으면 마음까지 편안한 옷이 있습니다」__로얄셔츠

「한두 병 더 가져오는 건데!」__해태 나폴레온

「여성들이여 잠꾸러기가 되자」__에바스화장품 타임

「미인은 잠꾸러기?」__에바스화장품 타임

「손님의 기쁨— 그 하나를 위하여」__하나은행

「청개구리심뽀」__참존화장품

「냉장고문을 그렇게 자주 열고도

　　내가 싱싱한 생선으로 있길 바랐나요?」__삼성 문단속 냉장고

「한 번 주인이면 평생 주인」__세진컴퓨터

「1967년 겨울 어느 날, 그녀는 무릎 위 20cm의 스커트를
입고 서울에 나타나, 사람들을 아찔하게 했습니다.
오늘, 미니스커트는 상식으로 통합니다.
새로운 세계를 보여주기 위해선
돌팔매도 환영하는 용기가 필요합니다.
꿈과 아이디어와 용기로 새로운 세계를 만들어갑시다.」

「1992년 어느 날, 이상한 아이들이 이상한 몸짓으로
이상한 노래를 부르기 시작했습니다.
어른들은 그게 무슨 노래냐고 혀를 찼습니다.
그렇습니다. 노래가 아닙니다. 그것은 새로운 세계입니다.
새로운 세계를 만들기 위해선 어른들의 너그러움이 필요합니다.
꿈과 아이디어와 용기로 새로운 세계를 만들어갑시다.」

「미쳤군!」(윤복희) __신세계

「잠꼬대?」(백남준) __신세계

「노래도 아니다」(서태지) __신세계

「행복한 젖소」__빙그레우유

「살아서 가요!」__빙그레 닥터캡슐

「독립만세!」__삼성 독립만세 냉장고

「감나무가 있는 광고회사」__웰콤

「쉿! 소리가 차를 말한다」__대우 레간자

「소주 위에 소주」__보해 김삿갓소주

「큰 차 비켜라!」__마티즈

「자장 자장 자장」__LG 디오스냉장고

「안을 보라!」__대우 레조

「가슴에 한줄기 소나기」__OB라거

「누구시길래……」__르노삼성 SM5

김태형은 스스로 말하기를 카피 철학이 없다고 한다. 굳이 말하자면 모든 사람들과 이론에서 배운 '잡종철학'이라고 겸손해한다. 그렇다. 광고에 관한 한 그에게는 지조가 없다. 때로는 리얼리스트가 되었다가도 때로는 로맨티스트가 되기도 하고, 때로는 차갑게 접근하다가도 때로는 뜨거워지기도 한다. 모든 광고 이론을 철저히 신봉하다가도 어느 순간에 서슴없이 버린다. 카피 스타일이나 문체도 상품에 따라 바뀌어야 하고, 소비자들도 그렇게 변한다고 믿기 때문이다.

M세대들이 '사랑은 움직이는 거야'를 믿었다면 그는 35년간 철저하게 '소비자는 움직이는 거야'라는 생각을 하고 그렇게 발바닥으로 카피를 써왔다. 광고 수용자들은 결코 카피라이터의 독자가 아니고 카피는 자신의 '작품'이 아니라고 철저히 믿으면서 그렇게 카피를 써왔다. 그럼에도 불구하고 그의 카피는 여느 시 구절에 뒤지지 않을 만큼 시적이다. 쉬운, 너무나 쉬운 카피 한 줄에 제품과 시장과 소비자가 다 녹아 있는 경우가 많다. 이를 두고 가히 대가급 수준이라 할 수 있을 것이다.

나는 적어도 광고 창의성 부분에서는 김태형이 오길비를 능가한다고 본다. 나는 그동안 우리에게 잘 알려진 『어느 광고인의 고백』『오길비의 광고』『오길비의 고백』을 열 번 이상 읽었음은 물론, 아직 국내에 번역이 안 된 『The Unpublished Ogilvy』(Raphaelson 편, 1988)까지도 세 번 이상 읽고 그 내용들을 자세히 분석해보았다. 물론 오길비는 대단한 광고인이고 여러 분야에 재주가 많긴 하지만, 광고 창작자로서의 오길비는 그 명성 때문에 지나치게 과장되었다고 본다. 그리고 그는 크리에이티브에서 일찌감치 손을 떼고 광고회사 경영에 더 관심을 가졌으며, 일찍 은퇴하여 프랑스의 대저택에서 부유한 만년을 보내다 1999년에 숨을 거두었다.

당연한 귀결이겠지만 김태형은 오길비의 『어느 광고인의 고백』을 가장 추천하고 싶은 책으로 꼽으며 「고맙습니다, 오길비 선생님」(『광고정보』 2002년 3월호, 9-11쪽)이라는 헌사를 바치고 있다. 그는 구천을 건너가 쉴 없는 질문을 던지고, '맛있는 요리' 같은 책이라며 현대의 고전으로서의 이 책의 뿌리를 강조한다. 맞다. 그러나 오길비가 원칙과 법칙의 책을 썼다면 김태형은 광고란 이래야 한다는 원칙을 드러내지 않고 그것을 카피로 썼다. 영화비평가와 영화감독의 관계와 같다고 할까? 어쨌든 우리는 그동안 롤스로이스 광고나 해서웨이 셔츠 광고 같은, 교과서에 나오는 광고만을 보고 오길비의 창의성을 지나치게 과대평가한 것은 아니었는지. 여기에 이르면 국내 광고인에 대한 평가에는 지나치게 인색하면서도 외국 광고인에 대해서는 너무 관대한 우리 광고업계 및 학계의 척박한 풍토를 다시 한번 만나게 된다.

광고 창의성 분야에서 김태형이 이룩한 업적은 오히려 오길비를 능가한다. 어쩌면 오길비는 신이 너무 많은 능력을 부여해서 스스로 크리에이터가 되기보다는 광고 창작자들을 부리는 역할을 맡아야 했는지도 모른다. '용장지하무약졸(勇將之下無弱卒: 용감한 장수 밑에 약한 병사 없다)'이라고, 김태형이 스승으로 모시는 오길비가 들어도 과히 기분 나쁘지 않을 것이다. 청출어람(靑出於藍)이라는 말이 있듯이, 스승이란 어차피 제자가 창조적으로 극복해야 할 대상이니까.

함께 느낄 수 있어야 창의적인 광고다

카피라이터로서의 35년, 만족하세요?

□■■■ 솔직히 말해서 광고나 카피라이팅이 이 세상에서 제일 좋은 직업이다, 이렇게는 생각하지 않고 살아왔어요. 인생에서 광고가 가장 소중하다, 이렇게 생각한 적도 없어요. 그렇다면 만족한 인생이 아닌데, 기왕 광고를 했고 카피라이터로서 인생을 살아온 결과로 볼 때,

그래도 한 80% 만족이라고 생각해왔어요. 그런데 지금 이 시점에 와서 보니 마음만은 괜찮다, 하는 정도라고 할까요? 그런데 잘하든 못하든 주변에서 잘한다고 봐줬으니깐 그건 고맙게 생각하지요.

김태형은 늘 카피라이터에서 벗어나려고 했지만 벗어나지 못하고 우리 광고의 가능성에 대하여 쉼 없는 고민을 한다. 농심라면의 「형님 먼저 아우 먼저」를 가장 좋아하는 카피로 꼽는 그는 한국 냄새가 나는 한국적 표현과 공감의 광고를 만들기 위하여 다양한 형식 실험을 감행한다. 그 하나의 예로 그는 예부터 전해 내려오는 시조의 형식을 차용하여 표현의 경계를 넓히기도 하였다. 이런 점에서 그의 카피는 무조건 '끝내주는 한마디' 만을 찾기 위해 들떠 있는 요즘의 카피 경향과는 사뭇 다르다. 김태형은 광고의 역할을 차별화(make the difference)로 보고 단순히 말장난에 의한, 차별화 아닌 차별화에 대하여 개탄한다. 그는 정서적 공감을 불러일으켜야 비로소 창의성이 꽃을 피운다고 본다.

「인심 좋고 장맛 좋은 사조마을 어드메뇨? 때깔 고운 일등고추는 모두 사조마을로 시집오네」__사조마을 된장 고추장
「겨울이 춥다하되 이 몸은 모를레라 에어메리 공기층 이리도 따습건만 사람이 제 아니 입고 떨기만 하누나」__백양 모시메리

그의 광고는이처럼 무조건 시조의 형식을 빌어왔다고 해서 의미 있는게 아니라, 그 안에 내면의 가락이 살아 있고 그 에스프리(esprit)를 현대

적 감각으로 살려냈기 때문에 의미망을 확보했다고 할 수 있다. 시나 시조, 그리고 그림이나 영화가 그대로 광고가 될 수는 없는 일이다. 거기에 고도의 창의적인 감각이 수반되어야 상업적 커뮤니케이션 메시지로 승화할 수 있는데, 김태형은 이를 특히 고민하였다. 한국적인 소재가 중요한 게 아니라 그것을 담는 방법이 중요했으며, 그것은 그에게 늘 뜨거운 감자였다. 그것은 상품이 아니라 생활 속에 있었고, 시장이 아니라 '생활의 제안'에 있었다. 그가 쓴 모든 카피에는 생활이 들어 있고 그것을 보는 사람들은 생활을 발견하게 된다. 나와 너, 그리고 우리 이웃들의 살아가는 이야기가 무리하지 않은 차분한 스타일로 녹아 있는 것이다.

그는 은퇴하였다고 말하면서 하루에도 몇 번씩 광고 아닌 다른 삶을 꿈꾼다. 그러면서도 그는 오늘도 '老? No!'라는 생각으로 카피를 쓰고 있을 것이다. 오길비도 알지 못한 그 어떤 '생활의 제안'을 찾기 위하여. 그리고 우리 광고 표현을 영원토록 푸르게 푸르게 하기 위하여.

신인섭

길이 없으면 만들어간다
혼자서 가는 길은 멀기도 하다

1929년생. 평양교원대 국어국문학과 졸업. 호남정유, 희성산업(LG 전신), 코래드를 거쳐 한국 광고사 및 국제 광고 연구에 몰두하고 있는 광고계의 박물학자이다. 그는 광고 영업, 카피, 기획, 매체, 국제 광고, 광고사 등 다양한 분야에서 지식의 문어발식 선단 경영을 해오면서 '보이지 않는 길 찾기' 라는 자기만의 광고 창의성 개념을 정립했다.

길은 어디에서 시작해 어디에서 끝나는가?

길이 없으면 만들어간다

광고정보센터(www.adic.co.kr)에 들어가 문헌 검색창에 '신인섭'을 입력하고 엔터키를 누르면 200여 건에 가까운 저술 목록이 뜬다. 아마 한국 광고계에서 가장 많은 수치일 것이다. 작가로 치자면 그는 분명 다작의 작가인 셈이다. 신인섭, 도대체 그는 누구인가? 그는 카피라이터인가, 매체 전문가인가, 아니면 기획 전문가인가. 그것도 아니면 크리에이티브 전문가인가 혹은 국제 광고 전문가인가, 광고 사학자인가. 그마저도 아니라면 광고 실무자인가, 광고학 전공 교수인가, 광고 관련 저술가인가.

신인섭에 대한 평가 작업을 시작하는 순간, 그 누구든 그 엄청나고 다양한 결과물과 박물학적인 업적 앞에서 잠시 머뭇거릴 것이다. 우리 광고의 발전에 큰 영향을 미친 그의 발자취를 따라가다보면, 어느 사회 어느 영역에서나 초창기 거목들의 공통점으로 나타나고 있는 천재적인 박물학자 같은 면모를 만날 수 있다. 애초에 우리 광고에는 길이 없었던 것일까?

세계문학사에서 독일 고전주의 미학의 완성자로 평가받는 괴테는 시인이자 소설가인 동시에 극작가였고, 식물학자이자 동물학자이며 광물학자였다. 그런가 하면 여행가이자 그리스 로마 신화 연구의 권위자로서 『괴테의 이탈리아 기행』이라는 불후의 기행문을 남기기도 했다. 괴테는 또한 변호사이자 바이마르 공화국의 재상이었으며, 음악에도 상당한 조예가 있어서 그의 시 「마왕」은 운율 자체만으로도 한 편의 아리아가 아니었던가. 우리나라의 춘원 이광수 역시 작가이자 신문사 편집국장이었으며 교육자이자 정치인이었고, 애국자인 동시에 가장 철저히 변절한 일제 앞잡이였으며, 또 영향력 있는 사회운동가였다. 즉, 모든 영역에서 초창기에 활동했던 선구자들은 여러 분야에 발을 걸치고 다양한 활동을 전개하면서도 탁월한 업적을 남기곤 하는데, 신인섭의 경우에도 그러한 면모들이 고스란히 나타나고 있다.

신인섭을 광고 사학자로 보는 일반적인 평가에도 불구하고 나는 그를 광고 창작자로 본다. 광고 영업에서 시작하여, 카피, 기획, 매체, 국제 광고, 광고사 등 다양한 분야를 넘나들며 우리 광고의 선진화를 위해 지식의 문어발식 선단 경영을 해왔지만, 그가 일관되게 추구하고 있는 기본 과제는 한국 광고의 창의성 문제로 귀결되고 있기 때문이다. 그 결과물들이 광고 매체에 관한 연구이건 광고사에 관한 연구이건 관계없이, 그는 우리나라에서 처음으로 카피라이터(copywriter)라는 말을 쓰기 시작한 선구자답게 모든 것을 광고의 창의성과 관련하여 설명하고 있다. 그는 인터뷰 중에도 광고에 있어서 창의성이 가장 중요하다고 강조한다.

정해진 목표를 가장 효과적으로 달성하라

광고 창의성이란 구체적으로 무엇입니까?

□■■광고가 달성해야 할 목표가 있잖아요. 그게 광고란 말이죠. 목표 없이 하는 것은 없으니까. 광고가 달성할 목표를 가장 효과적으로 수행하는 광고가 가장 독창적인 광고라고 봐요.

흔히 말해서 판매를 유발하는 광고가 창의적인 광고라고 보세요?

□■■꼭 그렇지는 않아요. 광고에 따라서 달라요. 궁극적인 목적은 판매인데, 판매까지 가는 단계가 쉽게 될 때도 있지만, 오랜 과정을 거칠 때도 있으니까. 무슨 말인가 하면, 소위 AIDMA(A: Attention, 주의 / I: Interest, 흥미 / D: Desire, 욕구 / M: Memory, 기억 / A: Action, 구매 행동)를 할 수 있는 게 가장 효과적인 광고라고 봐요. 그렇다면 광고 창의성은 뭐냐? 그걸 달성하는 게 창의성이라고, 나는 그렇게 봐요. 그래서 광고에 있어서 크리에이티브가 가장 중요해요.

창의적인 광고를 만드는 데 영향을 미치는 요인이 있을 것 같아요. 전공에 따라서 다를 수 있고, 성장 과정에 따라 다를 수도 있구요.

□■■창의성에 영향을 미치는 것은 시간(time)과 공간(space)이죠. 즉, 공간은 장소에 따라 달라질 수 있다고 봐요. 모든 광고는 어떤 특정한 시대에 어떤 곳에서 태어난 사람이 그 시대 상황에 알맞은 표현 방법을 써서 물건을 파는 거죠.

그럼 광고 창의성은 소질입니까, 아니면 노력에 의해 만들어지는 겁니까?

□■■ 시간과 공간에 하나를 더하면 노력이죠. 사람마다 다르지 않소? 쌍둥이도 다르게 태어나는데……. 개개인이 노력을 얼마나 하느냐, 그 사람이 타고난 천부적인 소질이 있어도 가꾸지 않으면 소용이 없는 겁니다. 어떤 소질이 있고, 또 그것을 가꾸어냈을 때 더 창의적인 광고가 나오는 거지요.

신인섭은 일찍이 호남정유 시절에 직접 카피를 썼다. 그는 사실의 전달에 그치고 있던 우리 광고의 표현 방법을 어떻게 해서라도 바꿔보기 위해 외국 광고들을 참고해가며 각고의 노력을 기울였다고 술회하였다. 실제로 그가 만든 광고들은 오늘의 시각에서 보면 다소 투박하지만 당시로서는 파격적인 것이었다.

호남정유 인쇄 광고 「검은 황금」 편을 보면, 마치 기름 방울이 나무처럼 자라게 만든 것처럼 보이는 아이디어가 눈에 띈다. 각각의 기름 방울 속에 항공기, 자동차, 배 등의 모습을 보여주고 기름이 여러 산업 부분에 꼭 필요한 자원이라는 점을 제시한 다음, 「검은 황금?」이라는 헤드라인을 쓰고 있다. 기름 한 방울 나지 않는 나라에서 기름 한 방울은 너무나 소중한 것이기에 다음과 같은 바디 카피로 아껴 쓰자고 제안하고 있는 것이다. 「(……) 검은 황금인 석유를 보다 귀중하게 / 사용해주십시오. / 석유를 아끼는 것은 우리 모두의 책임입니다. // 검은 황금을 아낍시다.」

「출근부 없는 회사」 편을 보면, 「호남정유에는 출근부가 없습니다」라는 헤드라인 아래 호남정유의 열린 기업문화를 자연스럽게 제시하고 있다. 지금이야 흔한 일이 되었지만 1970년대 당시에 이런 메시지가 나왔을 때는 얼마나 신선한 충격이었겠는가? 바디 카피를 보면, 호남정유가 생각이 젊은 기업이라는 느낌을 갖게 하기에 충분하다. 「직원의 평균 연령은 33.3세입니다. 호남정유는 젊으며 젊음이 흘러넘칩니다. / 젊은 것은 이들의 연령뿐이 아닙니다. 몸보다 이들의 마음이 더 젊습니다. / 젊은 마음은 슬기롭고 후퇴할 줄 모릅니다. 젊은 마음은 매이지 않습니다.」 오직 카피만으로 이루어진 이 광고에서 신인섭 특유의 '친절한 설명형' 카피의 전범을 확인할 수 있다.

또한, 호남정유 광고 「한글」 편을 보면, 신인섭이 우리 것을 외국에 알리는 데 있어 얼마나 철저했는지가 드러난다. '한글'이라는 메시지가 그림이자 헤드라인으로 쓰이고 있는데, 좀 뜯어보면 한자가 한글 속에 갇혀 있는 형국이다. 그 아래에 「한마디 말이 천 개의 그림보다 가치 있다 (One word is worth a thousand pictures)」는 리드 카피를 붙이고 있는데, 이는 서양 속담을 뒤집은 표현이 아닌가. 즉, 서양 속담–한자–한글의 전복 과정을 거쳐서 한글의 우수성과 역사성을 설명하는 방식이다. 다시 말해서, 호남정유가 한국 최고의 전통을 지켜나가는 정유회사라는 점을 강조하기 위하여 만든 광고인데, 그것을 직접 드러내기보다는 자연스럽게 한글의 우수성을 강조하면서 동시에 그 후광 효과를 노리고 있다. 이 광고는 「Time」지 1973년 10월 29일자에 게재되었다.

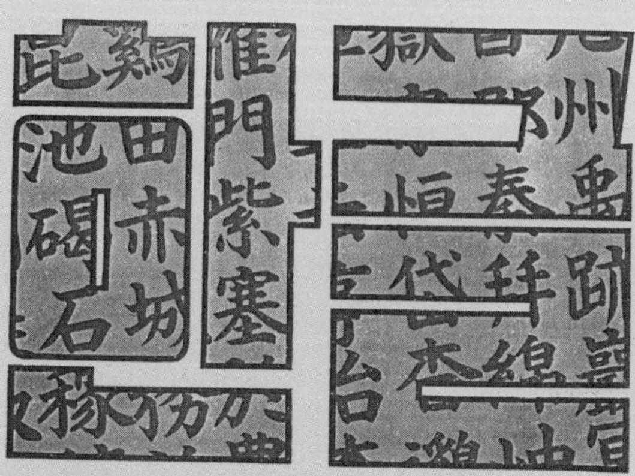

호남정유 광고 「한글」 편을 보면, 신인섭이 우리 것을 외국에 알리는 데 있어 얼마나 철저했는지가 드러난다.

'한글'이라는 메시지가 그림이자 헤드라인으로 쓰이고 있는데, 좀 뜯어보면 한자가 한글 속에 갇혀 있는 형국이다.

그 아래에 「한마디 말이 천 개의 그림보다 가치 있다(One word is worth a thousand pictures)」는 리드 카피를 붙이고 있는데, 이는 서양 속담을 뒤집은 표현이 아닌가.

즉, 서양 속담-한자-한글의 전복 과정을 거쳐서 한글의 우수성과 역사성을 설명하는 방식이다.

광고의 불모지에서 카피를 쓰다

제대로 된 카피라이팅 교재 한 권 없는 광고 불모지 한국에서 카피를 쓴다는 것이 얼마나 황망한 일이었을까. 아마 지도 한 장 없이 무인도에 갇힌 상태에서 탈출을 시도해야 하는 막막한 심정이었을 것이다. 신인섭의 관심은 자연스럽게 자신과 광고업계의 동학 및 후배들을 위하여 카피 책을 쓰는 쪽으로 기울어지게 된다. 그의 노력은 『광고 Copywriting』(500부 한정판 발행, 한국광고협의회, 1977)으로 결실을 맺는데, 이 책은 한국 최초의 카피 창작 교재라 할 수 있다.

총 148쪽에 달하는 이 책의 차례를 보면, 1) 카피라이터란 무엇입니까 2) 카피라이터란 아이디어를 만드는 사람입니다 3) 사실을 찾아내라 4) 헤드라인에는 80%의 돈이 든다 5) 카피의 구성과 스타일 헤드라인의 종류 6) Visualization과 Layout 7) 외국 광고의 실례 8) 미국과 일본의 광고 9) 이름난 광고상 10) 카피라이팅에 관한 책, 이렇게 총 10장으로 구성되어 있다. 지금으로부터 벌써 25년 전에 씌어진 내용이라고는 믿기지 않을 정도로 오늘날에도 유용한 금과옥조로 가득 차 있다. 신인섭 이후 씌어진 여러 광고학개론과 카피라이팅 관련 서적의 저자들이 각주나 참고문헌 어디에서도 이 책에 대해서 언급하지 않은 채 철저히 함구하고 있지만, 내 판단으로는 많은 저자들이 이 책에 큰 빚을 지고 있는 것으로 보인다.

1939년에 제작되었으며 카피라이터의 고뇌에 대하여 언급할 때 약방의 감초처럼 등장하는 「일과 후에 쓴 글(Written After Hours)」이라는 헤드라인으로 유명한 광고회사 어윈 워시 앤 컴퍼니(Erwin, Wasey &

Company, Inc.)의 광고는 이 책의 9쪽에 들어 있다. 또 오길비 하면 언제나 가장 먼저 언급되는, 「시속 60마일로 달리는 새 롤스로이스 안에서 가장 크게 들리는 것은 전자시계 소리(At 60 miles an hour the loudest noise in this new Rolls-Royce comes from the electric clock)」라는 롤스로이스 광고는 36쪽에 소개되어 있다. 그 밖에 폭스바겐 광고, J&B 광고 등 광고 책의 단골 메뉴로 등장하는 여러 광고 사례와 외국 광고인에 대한 설명도 거의 그대로 소개되고 있다.

그 외국 광고와 광고의 거장들을 신인섭만이 알고 있는 것은 아니지 않는가, 라고 항변할 수도 있을 것이다. 그러나 달걀을 가장 먼저 세워 보인 콜롬버스를 인정해야 하듯이 후학들은 신인섭의 선구적인 노력을 인정해야 한다고 본다. 그 후의 저자들은 광고 원본을 확인하지 않은 채 단지 신인섭이 소개한 광고물들의 복사와 재복사 과정만을 거쳤는지, 나중으로 올수록 광고 자료의 인쇄 상태가 흐려지고 있다. 다시 말해서, 우리 광고 창작 관련 서적들은 1977년 그 시점에서 단 한 발짝도 나아가지 못하고 답보 상태에 머무른 채 약간의 변주만 있었을 뿐이다. 광고 환경의 변화를 일부 반영하기도 하였으나 원형(archetype)과 기본 골조는 거의 그대로인 것을 두고, 광고 창작 관련 서적이 달라지면 얼마나 달라지겠느냐며 반론을 제기할 수도 있겠으나, 동의하기 어렵다.

신인섭의 선구적인 업적은 그의 외국어 능력과 무관하지 않다. 그는 한때 통역장교로 복무하며 전선을 누볐다. 따라서 영어를 거의 완벽하게 구사하며 모든 국제 광고 행사에 단골 통역자로 등장한다. 또한, 일본어에도 능통하다. 이런 능력을 바탕으로 그는 여러 가지 면에서 한국 최초라 할 수 있는 다양한 경력을 가지게 된다. 그는 일찍이 「국제 광고에 눈 돌릴 때」(『광고정보』 1981년 5월호)라는 글에서 국제 광고의 개념을 정리하며 국제 광고의 중요성과 그에 대한 관심을 촉구한 바 있다. 그는 광고를 시작한 시점부터 국제 광고에 관심을 가졌으며, 독학으로 외국 광고와 광고 산업을 연구하는 가운데 광고의 창의성을 배웠다고 고백한다. 왜 그가 국제 광고에 관심을 가지게 되었는지 좀 자세하게 알아보자.

우리 광고를 위해 걸어온 길

어떻게 해서 국제 광고에 관심을 가지게 되셨어요?

□■■■1965년 가을, 현대경제일보와 일요신문의 광고부장을 맡으면서부터 광고 인생을 시작했는데, 그때 광고회사 S/K의 존 스티클러(John Sticler)라는 사람을 만나게 되었어요. 존에게 『Marketing Communications』라는 잡지를 함께 구독하자고 제의했는데, 그가 먼저 보고 책은 나중에 내가 갖는다는 조건이었어요. 신문사 광고국에서도 일본말이 판치던 시절인데 그 책을 보니 정말 대단한 내용들이 많았어요. 또 나중에 보니 『Ad Age』라는 잡지가 있어요. 그래서 그게 뭐냐 했더니 광고에 관한 잡지라고 해요. 그걸 읽어봤더니 미치고 환장하겠어요. 광고의 세계가 이런 거냐는 생각이 들었어요. 하나도 빠뜨리지 않고 샅샅이 읽었고 참 많이 배웠지요. (……) 1968년에 싱가포르에서 아시아 광고 대회가 있었는데, 거기서 봤더니 수상이 나와

서 연설을 하고 호화판 저녁을 사더라고요. 그러니까 한국하고는 비교가 안 되었지요. 왜 한국이 그렇게 뒤처진 것인지 곰곰이 생각해보니까 그 원인이 일본의 식민지였기 때문인 거라. 광고를 깔본 거라. 그래서 나는 다시 일본 광고와 일본 광고 책을 보기 시작했어요. 일본의 선전이니 뭐니 해서, 한 십여 년간 다 봤어요. 시시콜콜 다 봤어요. 그러면서 우리 광고를 생각했지요. 그 사이 현대경제일보를 떠나 현대문화영화공사에서 극장용 문화 영화를 한 일 년 반쯤 제작하다가, 다시 그만두고 미국에 가서 일 년쯤 있으면서 이래저래 미국 광고들을 보고 빈둥거리며 지냈어요. 그러다가 1970년 4월 호남정유에 입사해서 본격적으로 광고를 다시 시작했어요.

그는 꾸준히 국제 광고계를 기웃거렸으나 이는 결국 우리 광고 표현 영역의 확장을 위한 피나는 몸부림이었다. 어떤 사람은 영어 좀 한다고 해서, 단 한 장의 기획서도, 단 한 줄의 카피도, 단 한 편의 논문도, 단 한 편의 매체 전략서도 써본 적이 없다. 그러면서도 광고계 언저리에 머물며 마치 광고계의 국제통인 양 행세하고, 무슨무슨 단체의 위원이나 무슨무슨 명예 대사 같은 것을 여러 개 맡으면서 광고 자체를 자기 포장의 수단으로 활용하기도 한다.

그러나 신인섭은 탁월한 영어 실력에도 불구하고 그런 모습을 보이지 않았고 오로지 '우리 광고를 위한' 영어를 구사해왔다. 그는 "제아무리 큰 국제적 대행사가 한국에 들어와도 카피는 한국의 카피라이터가 쓰게 마련이고, 더 많고 철저한 조사에 의해 컨셉트와 전략이 짜이게 될 것이

며, 따라서 제품과 시장과 소구 대상층에 과녁을 분명히 겨냥한 카피가
될 것"(『광고정보』 1984년 9월호, 21쪽)이라고 전망한다.

도대체 어떤 카피가 좋은 카피라고 생각하세요?
□■■ 처음에 설정한 목표를 효과적으로 전달하는 그런 카피가 가장
효과적인 광고예요.

이른바 말맛이 있다고 하는 잘 쓴 카피와 판매를 일으키는 효과적인 카피,
잘 쓴 카피와 효과적인 카피의 차이랄까, 그런 게 있을 수 있을까요?
□■■ 사실 좀 미묘한 문제인데, 효과적이기 때문에 잘 쓴 카피고, 잘
썼기 때문에 효과적이라는 거지요. 마치 동전의 양면처럼 같은 거라
고 봐요. 그런 의미에서 요즘 젊은이들이 무조건 말맛만 생각하는 것
은 문제가 있어요.

카피를 잘 쓰는 비결이 따로 있을까요?
□■■ 카피라이터는 자기 나라 언어에 대해서 잘 알아야 합니다. 특히,
한글로 카피를 쓰는 사람은 한국말에 대해서 잘 알고 있어야 해요. 말
에 대한 미묘한 뉘앙스의 차이랄까, 그런 것을 느껴야 하죠. 그렇게
되려면 우선은 많이 보고 많이 읽어야 합니다. 모국어에 대한 사랑과
이해가 가장 중요하지요.

혼자서 가는 길은 멀기도 하다

신인섭은 오길비가 강조하는 조사에 의한 광고 창작에 대하여 오랫동안
긍정적인 입장을 취했다. 그는 여러 논문과 광고 에세이를 통해 조사의
중요성을 강조했으며, 비교적 젊은 시절에는 과학적 접근이 광고 창작의
전제 조건이라는 생각을 고수한다. 그러나 나중에는 조사가 전략 수립에
있어서 필요한 과정이기는 하지만 광고 아이디어 발상에는 별로 영향을
미치지 않는다는 쪽으로 생각을 바꾸게 된다. 그러다 결국 조사 결과란
쓰레기 더미에 불과하다며 독설을 퍼부었던 윌리엄 번벅의 견해를 절대
적으로 지지하기에 이른다. 특히, 최근에 와서는 조사 결과가 창의성의
발현과는 거의 무관하다는 의견을 개진하고 있다. 일반적으로 나이가 들
수록 생각이 보수적인 쪽으로 굳어지게 마련인데 신인섭의 경우는 오히
려 상반되는 생각의 궤적을 그리고 있다.

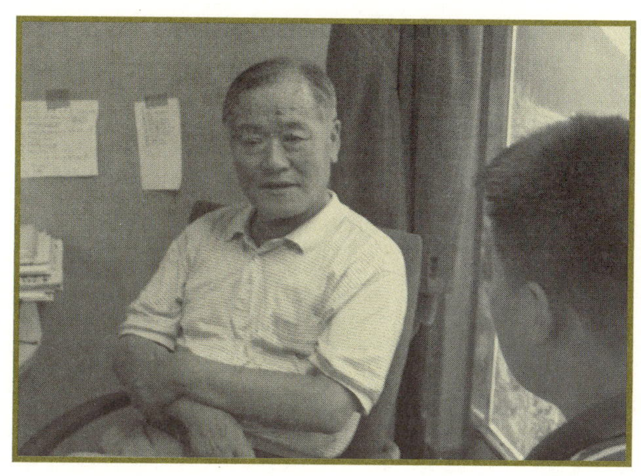

과학을 넘어 예술로

조사와 창의성의 관계를 어떻게 보세요?

□■■■ 결론적으로 나타나는 게 무엇인지가 중요해요. 조사만으로는 이제 절대로 좋은 결과물이 나타나질 않아요. 안 그래요? 크리에이티브에 대한 조사든, 소비자 심리에 대한 조사든, 또는 인구통계학적인 조사든, 조사만으로는 절대로 어떻게 할 수 없어요. 그런데 광고물을 만드는 측면에서 보면 그건 예술의 단계이지 과학의 단계는 아니거든요. 과학적이라며 제시한 자료라는 게 무엇 때문에 있는가 하면, 예술의 단계에 들어가는 걸 얻기 위해서 있는 거잖아요. 예술의 단계에 들어가려면서 물을 H_2O라는 식으로만 분석하는 것은 말이 안 된다고 봐요.

그럴 수 있지요.

□■■ 통계적인 접근으로 반 이상은 될지 모르지만, 최종 목표인 좋은 광고를 만들어 소비자를 설득하고 물건을 사게 하는 그 단계, 말하자면 예술의 단계에 들어가려면 과학적 접근만 가지고는 해결이 안 되거든요.

헤드라인도 조사를 해보면 똑같은 헤드라인인데 문장을 바꾸니까 주목률이 30-40% 차이가 나요. 그런 것은 예술이지 과학이 아니죠. 과학으로 풀이가 된다고 할 수 있겠지만, 그런 헤드라인이 나왔기 때문에 나중에 그것을 과학적으로 검증한 것뿐이지, 과학이 그런 헤드라인을 쓰게 한 것은 아니라는 말이지요. DDB의 어떤 조사 전문가는 조사를 해보면 과거가 나온다고 했어요.

과거요?

□■■ 조사를 하게 되면 과거의 결과밖에 안 나오게 되니까요. 그렇게 하면 과거에 대한 조사를 해서 광고 크리에이티브가 나오느냐 하는 얘기야. 조사 결과도 해석이 중요한데, 딱딱한 조사 결과만 제시하고서 영감을 얻으라고 하면 곤란하지요.

중요한 지적이십니다.

□■■ 1976년, 미국을 대표하는 광고계의 거장들 50여 명이 모인 행사에서, 전 세계의 광고 중 가장 기억에 남고 물건을 파는 데 가장 이바지했다고 생각하는 광고가 무엇이냐고 물었더니, 폭스바겐의 「Think

Small」이라고 대답한 게 가장 많았어요. 여기에서 내려지는 결론이 뭣인고 하니, 광고에서 통계만을 가지고 모든 것을 해결하려고 하면 안 된다, 그런 얘기예요. 통계나 효과론만이 광고의 모든 것이라고 주장하는 사람은 차라리 통계학을 하든가 심리학을 하든가 그쪽에서 활동해야 한다고 봐요.

광고는 과학과 예술이라는 큰 줄기가 있는데 선생님께서는 어떤 입장이십니까? 과학적 예술 또는 예술적 과학이라는 식으로 애매하게 말씀하시지 말고요.

■ 난 광고를 예술이라고 봐요. 광고에는 목표가 있는데 거기에 도달하려면 메시지 전달이 되어야지요. 커뮤니케이션 방법은 여러 가지가 있을 수 있는데, 상황과 맥락에 따라서 전달하는 기술이 달라야 해요. 그것이 바로 예술의 몫이지 과학적 방법만으로는 절대로 될 수 없는 일이지요.

그렇다면 광고를 평가할 때 여러 가지 전략적인 측면도 고려하지만 결국 궁극적으로 예술적인 측면에서 광고의 완성도나 예상되는 효과를 평가하세요?

■ 물론 간단하지 않습니다. 광고는 기본적으로 과학적 접근을 무시할 수 없지만 최종적으로 나타나는 것은 아트(예술)니까 예술적인 측면에서 평가하는 경우가 많아요. 수준 높은 아트냐 수준 낮은 아트냐, 그것 자체를 결정하는 것이 직관의 영역이니까 과학은 아닌 거지요.

그렇다면 어떤 사람이 창의적인 광고를 잘 만든다고 보세요? 여러 가지 유형들이 있는데…….

□■■■ 사고가 유연하고 마음이 열려 있어야 한다고 봐요. 남이 이야기하면 귀담아서 들을 줄 아는 그런 마음가짐을 가져야 하죠. 다만 이런 것은 있어야 한다고 봐요. 영어로 말해서 디서플린(discipline), 즉 절제는 있어야 합니다. 아무리 훌륭한 아이디어나 카피라 하더라도 그걸 전달하는 데 절제의 원칙을 지키며 남의 의견을 수용하는 것이 중요하다는 말이지요.

그럼 어떤 사람이 그런 절제를 잘할 수 있을까요?

□■■■ 아무 아이디어나 좋다고 우기기보다는 이 아이디어를 가지고 광고의 목표를 달성할 수 있을지를 먼저 생각하고 자기 생각을 조절할 줄 아는 사람이겠지요. 또한 리뷰하는 사람도 무조건 자기 생각을 아랫사람에게 강요하기보다 의견을 존중하고 조율하는 사람들이 바람직하겠지요. 그러나 그건 법이나 규칙은 아닙니다.

고독한 길, 한국 광고사 연구

신인섭은 우리 광고의 창의성 향상을 위한 모색의 하나로 광고사 연구에 몰두하게 된다. 그는 1960-70년대의 우리 광고 표현이 우물 안 개구리의 안목에서 벗어나지 못했다고 판단한다. 특히 여태껏 보아왔던 미국과 일본 광고의 관점에서 우리 광고를 바라볼 때 여러 가지 일천한 면모들이 드러났다. 미국 광고와 일본 광고에 의한 여러 가지 자극을 바탕으로 그는 본격적인 우리 광고사 연구에 들어가게 된다.

신인섭은 그 자신이 카피를 쓴 기간이 호남정유 시절에 국한된 것을 못내 아쉬워했다. 그러나 그가 이룩한 광고사 관련 연구는 거의 독보적인 수준이라, 계속해서 카피를 써온 것 이상의 의미를 갖는다. 대개 광고인의 인생을 평가할 때 기억에 남을 만한 캠페인을 세 개 정도만 가지고 있어도 성공한 인생이라고 말한다. 비록 그는 그 세 개의 캠페인을 갖지는 못했지만 광고사 연구 분야에서 그가 이룩한 업적은 가히 파천황(破天荒)의 경지라 할 만하다.

우리 광고의 정체성 찾기에서 시작된 외국 광고에 대한 연구는 결국 우리 광고사 연구로 전환되고, 『한국광고발달사 韓國廣告發達史』(1980)와 『한국광고사 韓國廣告史』(1986)에서 일단 결실을 맺는다. 그런데 이와 같은 광고사 연구의 계기가 민족적 의협심에서 비롯된 점이 이채롭다. 1974년 무렵, 그는 프랭크 프레스브리(Frank Presbrey)가 쓴 『광고의 역사와 발전 *The History and Development of Advertising*』(1929)과 일본 덴츠 발행의 『일본광고발달사 日本廣告發達史』(1976)를 보고 큰 자극을 받는다. 마치 우리 향가(鄕歌)의 연구에 있어서, 양주동 박사가 일본인 오쿠라신뻬이(小倉進平)의 『향가와 이두의 연구 鄕歌と吏讀の研究』(1929)에 고무되어, 어떻게 우리 옛 노래 연구를 일본인이 먼저 시작할 수 있는가 하는 비분강개의 심정으로 향가 연구를 시작한 것이나 마찬가지 상황이다.

광고사에 관심을 갖게 된 결정적인 계기가 있으셨어요?

□■■■ 순전히 우리 광고에 대한 애정에서 시작했어요. 먼저 일본 광고사를 보고 그 다음에 미국 광고사를 공부하다보니까 영국의 광고사 문제가 나왔어요. 영국 광고사 책을 봤더니 일찍이 1890년에 나왔더군요. 미국은 1929년에 나오고, 일본은 1976년에 나왔지요. 그래서 나름대로의 사명감을 가지고 우리 광고사를 정리해보자는 생각에서 「한성순보 漢城旬報」부터 검토해나가면서 하나하나 자료를 모으기 시작했어요. 나중에는 중국인 쉬바이이(徐百益)를 직접 만나 중국 광고사 연구에도 관심을 쏟았어요. 그런데 1980년에 『한국광고발달사』를 내고 얼마나 욕을 먹었는지 몰라요.

왜요?

□■■■ 내가 남한에 학적이 없어요. 제가 졸업한 평양교원대학교는 북한에 있으니까요. 신인섭이 지가 뭔데 감히 『한국광고발달사』를 쓰느냐, 그럴 만한 자격이 있느냐, 대강 이런 얘기였지요.

그럼 자기들이 쓰면 될 거 아닙니까?

□■■■ 무슨 이야기인고 하니, 학회라든가 이런 데서 여러 사람이 함께 써야지, 어떻게 혼자서 쓰냐는 거지요. 사실은 아무도 학회에서 안 쓰니까 내가 혼자서 썼어요. 쓰고 나니까 말들이 참 많아요. 무슨 자격으로 쓰느냐는 둥, 제대로 광고 공부도 안 한 사람이 어떻게 한국 광고사를 쓸 수 있느냐는 둥, 그러나 이제 그런 것에 별로 개의치 않아요.

보이지 않는 길을 찾아서

오랜 세월 동안 광고를 해오면서 신인섭은 참으로 고독하였던 듯하다. 모든 선구자들이 그러했듯이 주위의 여러 비판에도 불구하고 그는 없었던 길을 만들어갔다. 길은 어디에서 시작되어 어디에서 끝나는 것인가? 여행이 시작되는 순간 길은 끝나고, 길이 보이는 순간 모든 여행은 끝나는 게 아니었던가. 하물며 미지의 세계에 대한 지적 여행을 혼자서 떠나는 경우에는 도처에 적들이요 갈수록 적막강산이 아니겠는가. 마치 송창식의 노래처럼 "혼자서 가는 길은 멀기도 하다. 눈 들어 하늘 보면 마음만 아프다. 가도 가도 천릿길~" 같은 심정이었으리라. 한 치 앞도 보이지 않는 인생길에서 왜 하필이면 광고의 천릿길을 떠나게 되었는지 그의 초년병 시절에 대해 들어보자.

카피 책을 쓰고자 했던 신인섭의 노력이 만들어낸 『광고 Copywriting』은 최초의 카피 창작 교재이다.

우리 광고의 정체성 찾기에서 시작된 외국 광고에 대한 연구는 『한국광고사 韓國廣告史』에서 일단 결실을 맺는다.

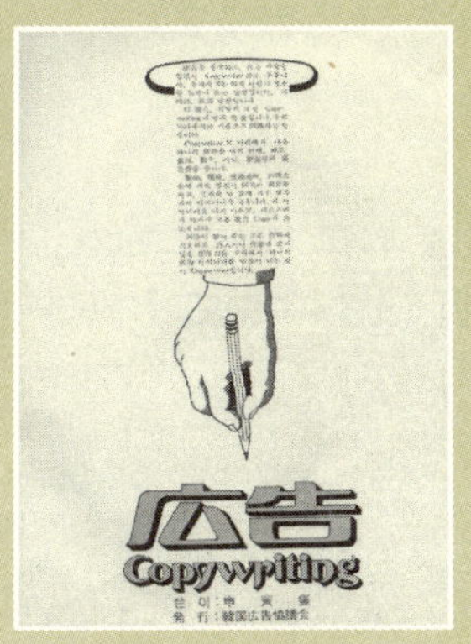

오랜 세월 동안 광고를 하셨는데, 어떤 계기로 하필 광고를 하셨어요?

□■■■ 광고를 하게 된 건 우연입니다. 진짜 우연이었어요. 왜 했느냐? 제가 1964년도에 제대하고 나서 한국관광공사에 들어갔어요. 그때 펜팔 투어라고 미국 백만장자들이 세계일주를 하는 게 있었는데, 이 사람들이 한국에 잠깐 들렀어요. 이 사람들을 안내해서 경주하고 대구 등지를 가는데, 글쎄 이 사람들 가방이 몇 개인가 하니 큰 가방을 일인당 서너 개나 가지고 다녀요. 그런데 그 가방 이동하는 많은 비용을 내지 않고 팁으로 계산하라는 겁니다. 모든 게 근거가 있어야 하는데, 영수증은 없고 결국 심사과에서 결제를 못 해주겠다고 해요. 그래서 내가 총지배인한테 가서 여차여차해서 그렇게 되었다고 설명해서 일은 잘 마무리했지만 어쨌든 그 일이 싫어졌어요. 마침 그때, 지금 한국경제신문의 전신인 현대경제신문 사장이 나를 광고부장으로 오라고 해서 광고를 하게 되었지요. 그분이 내 학교 선배였거든요. 그때 난 광고부장이나 편집부장이나 다 같은 줄 알았어요.

충분히 그럴 때죠.

□■■■ 편집국 문 앞에 광고부 직원하고 잡상인은 출입을 금지한다는 팻말이 붙어 있었어요.

정말 힘드셨겠어요.

□■■■ 네. 그럴 때 광고를 시작했어요.

관계나 정계에 갈 수도 있었을 텐데도 한눈팔지 않고 광고계에 계셨는데, 어떻게, 만족하십니까?

□■■ 인생을 낭비했다는 생각은 안 들어요. 어느 분야에서나 삼십몇 년 동안 한 분야만 꽉 붙잡고 파면 뭔가 이루어진다고 봐요. 되돌아보면 그렇게 후회스러운 인생을 살았다는 생각은 안 들어요.

신인섭은 1982년 제2회 한국방송광고대상에서 특별상을 수상한다. 모든 특별상이 그러하듯이 이 상은 한 분야가 아닌 광고의 전반적인 영역에 기여한 공로를 기리는 의미일 것이다. 광고 창작에서 광고사 연구와 국제 광고 연구로 관심 분야를 넓혀나간 그에게 다시 우리 광고 창작의 현재 수준을 들어보자. 처음에 그가 광고사 연구로 나아간 계기는 너무도 열악한 우리 광고의 태생적 한계를 극복하기 위한 시도에서였는데, 그는 21세기에 들어와서 우리의 광고 표현이 처음에 비해 엄청나게 달라졌다고 평가한다.

그렇다면 국제적인 수준에서 봤을 때 우리 광고가 얼마만큼 달라졌다고 보세요?

□■■ 많이 신장됐어요. 광고와 사회를 따로 떼놓고 보면 곤란해요. 88 서울올림픽을 계기로 노태우가 언론기본법을 없애지 않았어요? 언론기본법을 없애니까 신문 수도 늘고 12면으로 묶여 있던 게 24면으로 늘어났잖아요. 그 다음에 신문 정치면에서 정부에 대한 비판이 나오게 되고, 그렇게 되니까 그 영향이 어디로 가는가 하면 크게 말해서는

표현 영역의 확장이에요. 표현의 자유이고, 표현 영역의 확장이란 말이죠. 그래서 뭐가 나왔느냐? 에바스 밀크샴바드의 벌거벗은 광고가 나오고 프로스펙스의 정신대 광고가 나오는 거라. 표현의 자유가 넓어지지 않으면 절대로 못 나와요. 한국 영화도 그래요. 임권택 감독의 「취화선」이 칸 영화제에서 감독상을 받은 것도 다 그런 맥락이라고 봐요. 그러니까 여기서 내릴 수 있는 결론이 뭔가 하면, 광고 역시 표현의 자유가 보장되어야 다양한 표현이 나온다는 겁니다.

그렇군요.

□■■■ 표현의 영역이 늘어나면 물론 나쁜 부분이 생길 수 있어요. 인터넷에서 자살 사이트가 생기고 섹스 사이트가 생긴다고 법석을 떠는데, 기본적으로는 그런 거 다 늘어나야 돼요. 막는다고 될 일이 아니잖아요. 이런저런 환경 변화를 그대로 인정해야 해요. 우리의 크리에이티브도 전에 비해 많이 괜찮아졌어요.

광고 창의성의 국제적인 기준이랄까 이런 게 있을까요?

□■■ 힘든 얘긴데……. 허허……. 다만 빌 번벅의 『빌 번벅이 말하기를…… *Bill Bernbach said……*』에 나와 있는 내용들이 국제적 기준을 마련하는 금과옥조라 할 만하다고 봅니다. 그의 생각은 아직도 현실적으로 와닿는 얘기가 많아요. 두 사람 다 옳지만 아무래도 오길비보다 번벅의 생각이 돋보여요.

그렇다면 일반적인 창의성과 광고 창의성의 차이는 뭐라고 보십니까?

□■■광고는 커머셜 아트(commercial art)라고 하지 않습니까? 커머셜, 참 무서운 말입니다. 가령 피카소나 김기창 선생 그림 같은 것은 화가가 사물을 보고 느낀 것을 자기 원하는 대로 표현해버리면 그만이죠. 사람들이 보고 어떻게 느끼느냐는 별도의 문제입니다. 그러나 광고는 커머셜 아트이기 때문에 순수 예술과 차이가 많아요. 아무리 훌륭한 아트라 해도, 커머셜이라는 목표를 달성하지 못하면 창의성이 문제가 되지요.

꼭 판매와 연결되어야 한다는 말입니까?

□■■꼭 그렇지는 않아요. 당장 물건을 팔려고 해도 소비자가 그렇게 만만합니까? 판매와 직접적으로 연결되지 않더라도, 아이디어가 뛰어나더라도, 기본적으로 커뮤니케이션이 되느냐 안 되느냐의 차이라고 봐요.

텔레비전, 라디오, 신문, 잡지, 온라인 등 매체에 따라서 광고 창의성의 발현에 차이가 있을까요? 사람마다 자기가 강한 매체가 있는 것 같던데요.

□■■기본적으로 차이가 없다고 봅니다. 있다면 기계적인 차이가 있을 뿐이에요. 기계적인 면에서 4대 매체의 차이가 있을 뿐이지 사람이 창의성을 나타내는 방법에는 차이가 없다고 봐요. 독창적인 아이디어를 얼마나 그 매체의 특성에 맞게 표현하느냐의 차이지요. 하나를 잘하면 다 잘할 거라고 봐요.

우리 광고의 창의성 향상에 대한 신인섭의 관심과 노력은 70대 현역인 지금에 와서도 식을 줄 모른다. 그는 일찍이 희성산업 시절부터 아끼는 후배들에게 미국의 광고 창작자 조지 루이스(George Lois)가 쓴 다음과 같은 경구 주기를 즐겨하였다.

> 만약 자기가 맡은 일을 세계 최고가 되도록 열정적으로(심지어 미친 듯이) 하지 않으면, 그 사람은 재능과 운명과 그의 신까지 잃게 된다(If a man does not work passionately(even furiously) at being the best in the world at what he does, he fails his talent, his destiny, and his God).

이 경구는 그가 후배들에게 광고에 임하는 자세를 알려주는 무언의 메시지였지만, 또 그때마다 자기 스스로를 다잡고 다짐하는 자기와의 약속이 아니었을까 싶다.

그의 집 한쪽 벽면에는 로제타 스톤(The Rosetta Stone) 복제품이 걸려 있다. 기원전 196년에 이집트 왕의 즉위 일 년을 기념하기 위해 만든 것으로, 나폴레옹 군대가 이집트를 침공했을 때 발견한 것이 아닌가. 그는 실제 크기와 똑같은 이 로제타 돌을 보면서 늘 스스로에게 광고의 최면을 건다. 그만의 광고 창의성 개념인 '길의 발견' 혹은 '보이지 않는 길 찾기'를 위해 오늘도 신인섭은 이토록 열정적으로 광고에 목을 매고 있다.

우리 시대 광고 영상의 거장

윤석태

상품을 찍지 않고 마음을 담았다
유목민의 상상력과 농경민의 상상력

1938년생. 중앙대 서양화과 졸업. 만보사
이후 세종문화를 설립하여 31년간 663편의
광고물을 연출하면서, 그는 우리 광고를 세
계적 수준으로 비약시켰다. 광고 영상을
이유 있는 커뮤니케이션으로 본 그는, 그만
의 광고 창의성 개념인 '호흡 조절'을 바탕
으로 보이는 것을 찍기보다 보이는 것들의
마음을 담기 위해 늘 절치부심했다.

찾는 사람이 되든가, 찾는 사람이 되도록 노력하든가.

상품을 찍지 않고 마음을 담았다

예술적 영혼은 왜 피어나는 것일까? 사람이 태어나 미적인 것에 눈을 뜨면 평생 한 치 앞도 보이지 않는 헛것을 찾아 유랑생활을 할 수도 있다. 고원에서 고원으로 늘 옮겨다니는 유목민처럼, 그 사람은 어디에도 안주하지 못하고 불안의 그림자를 달고다니게 마련이다. 혹시 그 누가 나중에 대가의 경지에 이르면 오랜 방황과 좌절이 오늘의 성취를 있게 한 원동력으로 해석되기도 한다. 하지만, 오오, 안타까워라! 대부분은 그 재능이 인생의 봄날에 너무 잠깐만 빛나고, 그 봄날을 추억하며 살아가거나 지독한 방탕에 빠지는 경우가 많다.

따라서 예술적 영혼은 피어나면 안 되는 꽃일까? 아니다. 그렇지 않다. 신자유주의의 입장에서 보면 예술에 일생을 걸기에는 너무 생산성이 떨어지고 무모하다. 그러나 예술적 영혼애의 도전이 진정 가치 있고 아름다운 것은 불길한 조짐이 뻔히 보이는데도 도전하고 피 흘린 정신 때문이다. 도전하고 피 흘린 정신은 광고계에도 여럿 있겠지만 광고 감독 윤석태의 경우, 사막에 홀로 남은 심정으로 우리 광고의 창의성 향상을 위하여 일생을 바쳐왔다. 유목민의 상상력(nomadic imagination) 그 하나를 무기로, 부족 간의 협잡과 모함 그리고 영토 확장을 위한 전투가 그 어느 영역보다 치열한 '광고의 고원'에서 31년간을 종횡무진 누비고, 이제 그는 고원의 노을을 지켜보고 있다.

윤석태는 1969년 4월 만보사에 입사하여 그 해 12월 코카콜라 광고 창작 업무를 총괄하고, 1970년 2월 우리나라 최초의 스틸 커머셜 해변 작품의 연출을 맡으면서 처음 텔레비전 광고와 인연을 맺는다. 그의 이력은, 충북 괴산에서 태어나 화가의 꿈을 안고 상경하던 1960년대, 통혁당 간첩사건에 연루되어 죽을 고비를 넘기고 안정된 직장을 찾아 광고회사에 다니던 1970년대, 10년여의 직장생활을 청산하고 텔레비전 광고 프로덕션의 꿈을 펼쳐가던 1980년대와 1990년대, 그리고 2000년대에 이르러 은퇴와 함께 세계 최초의 광고영상박물관 건립을 준비하는 것으로 요약된다. 그는 대략 10년을 주기로 자기만의 모험을 감행해왔는데, 도대체 무엇을 위하여 그토록 장구한 세월을 광고에 바쳤던 것일까?

창조해내는 것이 아니라 새롭게 조합할 뿐이다

지금까지 31년간 광고 창작 현장에서 보내셨는데, 무엇이 광고 창의성이라

윤석태는 1969년 4월 만보사에 입사하여
그 해 12월 코카콜라 광고 창작 업무를 총괄하고,
1970년 2월 우리나라 최초의
스틸 커머셜 해변 작품의 연출을 맡으면서
처음 텔레비전 광고와 인연을 맺는다.

고 보세요?

□■■ 그러니까 자연의 순리를 얼마나 드라마틱하게 바꾸느냐 하는 문제거든요. 표현에 있어서 아주 리얼한 이야기가 중요해요. 커머셜은 15초 안에 하나의 스토리를 전달합니다. 예를 들어, 크리에이티브가 대전제가 되지만 광고에 있어서는 또 하나의 전제가 존재하지 않습니까? 회화나 음악에서는 커뮤니케이션이 안 되도 상관없지만, 광고에서는 커뮤니케이션이 가장 중요한 전제가 되지요.

그렇지요. 예술에서는 보통 작가 혼자만 알아도 상관없겠지요.

□■■ 예. 상관없는데, A라는 것이 어떤 매개체를 통해서 A로 전달되어야 하기 때문에 그런 측면에서 저는 자연의 순리를 거역해서는 안 된다고 봅니다. 사실상 아이디어라는 것은 새롭게 만들어지는 게 아니라, 기존에 있는 것들을 다시 조합(re-arrange)해서 새로운 것을 만들어내는 거지요. 그런 측면에서 일생 동안 많은 것을 체험하고, 많은 것을 봐야 하고, 많은 것을 읽고 느껴야 하거든요. 그런 것들이 기본 데이터가 되어 거기에서 새로운 조합을 만들어내는 거죠. 제가 만든 663편의 광고를 가만히 생각해보면 새롭게 만든 것이 아닙니다. 다만 누구나 볼 수 있었고 누구나 관찰했던 내용을 내가 전혀 새롭게 조합해서 새로운 느낌으로 전달했을 뿐이죠. 그런 의미에서 저는 크리에이터가 아닌 연출자라는 말이 더 맞는 표현이라고 봐요.

감독님이 크리에이터가 아니라고 하시면 사람들이 겸손이 지나친 오만이라고 하지 않을까요?

■■■ 그래도 할 수 없지요. 사실 저는 크리에이터라고 말하기 부끄러운 부분이 있어요. 예를 들어, 어떤 어른이 어린애를 데리고 걷는 장면을 보고 사람들은 그가 아빠 같지 않다고 볼 수 있어요. 다시 말해서 자기가 늘 보던 모습과 크리에이터가 표현한 모습이 같지 않다고 보는 거죠. 결국 제가 할 수 있는 일이란 정말 아이를 사랑하는 아버지가 아이와 함께 정답게 걷는 모습이 어떤지를 찾아내는 것이고, 그게 제 의무예요. 그러니까 제가 하는 일은 남이 연구한 것을 찾아내는 정도라고 할까요?

어쨌든 제가 하는 일은 사람들이 흔히 생각하는 것처럼, 무얼 창조해 낸다기보다는 가장 가까운 연관성을 찾아내는 것에 불과할 수 있어요. 어떻게 보면 수사관 같은 일을 한다고 할 수 있는데, 거기에서 나온 것을 가장 리얼하게 보일 수 있게 노력하는 것이 크리에이터의 역할이지요. 그렇기 때문에 창조하기보다는 철저하게 리얼리티를 추구하는 것이 중요하다고 봅니다.

좀더 그럴듯한 아이디어를 찾기 위해 머리를 쥐어짜는데…….

■■■ 소재는 A, B, C, D 여러 가지 많지 않습니까? 그런데 많은 사람들은 A라는 소재의 한계를 벗어나지 않으려고 해요. A라는 소재를 C로 바꿔놓을 수도 있고, B나 D로 바꿔놓을 수 있어야 해요. 사고의 폭을 넓힌다는 것이 바로 그런 거지요. 도깨비처럼 여기저기 뛰어다녀서

안 될 것 같은 것도 하나의 조합으로 엮어내는 능력과 노력이 정말 필요해요.

한국을 대표하는 광고 감독 1세대가 자신은 크리에이터가 아니라 연출자라고 하는 맥락에는, 광고 창작이 기존 사물을 재배열하고 그에 대한 새로운 의미를 부여하는 것이라는 전제가 깔려 있다. 이런 생각으로 그가 31년 동안 연출한 광고물은 모두 663편이며, 편집 편수로는 2,014편에 이른다. 1985년과 1987년에는 각각 38편을 연출할 정도로 엄청난 역량을 과시했으며, 1988년과 1989년에는 일본 KAO사의 의뢰를 받아 해외 광고 두 편을 제작하기도 하였다. 이 밖에 영화 「러브 러브 러브」 120분 한 편, AFKN-TV 프로그램 타이틀 「IMAGE of KOREA」 60초 두 편, MBC-TV 「수사반장」 타이틀 한 편, KBS-TV 「9시 뉴스」 타이틀 한 편, 그리고 국제광고협회(IAA: International Advertising Association) 세계대회 서울 유치를 위한 8분 홍보물 등 광고 외의 제작물은 모두 여섯 편이다.

그는 광고 연출을 하는 동안 국내 43편과 해외 아홉 편 등 모두 52편의 광고물에 대하여 방송광고상을 받았다. 우리나라의 방송광고대상은 1981년 3월 텔레비전 광고의 컬러화가 가능해진 이후 한국방송광고공사에 의해 처음으로 제정되었고, 1980년도 작품부터 해당된 것이다. 따라서 그는 실제로 자신이 만든 작품 중에서 이전 것을 제외한 522편의 작품 중 52편을 수상작으로 올려놓은 셈이다.

 홀로 가는 크리에이티브의 길

절대로 자신의 스타일에 함몰되지 마라

감독님이 만든 광고에는 한국적 정서가 잔뜩 녹아 있는데 특별한 까닭이 있나요?

□■■■제 성격인 것 같아요. 제가 원래 그림을 그리지 않았습니까? 그림은 자기 자신의 표현이에요. 좀 심하게 말하자면 가볍고 무게 없는 사람은 그림도 가볍고 깊이 없이 그리고, 과묵한 사람은 좀 무겁고 깊은 그림을 그려요. 그림은 자기 얼굴이니까 도리가 없어요. 결국 자신의 캐릭터에서 벗어나기 어려운, 신이 주신 절대적인 범주라고 봐야지요. 제가 휴머니즘 스타일에 특히 강하다는 것은 제가 아주 평범한 사람이라는 뜻입니다. 저더러 크리에이터라고 하면 온몸에 소름이 끼쳐요. 저는 있는 그대로를 성실하게 보고 느끼고 행동하는 그런 사람입니다. 지나가는 불구자가 와서 돈을 달라고 했을 때 안 주면 괴로운 심정이고, 남이 싸울 때 뜯어말리고 싶은 그런 성격이라고요. 저는 낙천적인 편인데 그래서 제 성격하고 작품 세계가 일치한다고 보는 사람이 많아요.

낙천적인 성격과 광고 표현에 어떤 상관관계가 있나요?

□■■■꼭 상관은 없지만 나름대로의 고집은 지킬 수 있어요. 저뿐만 아니라 다 마찬가지겠지만, 제가 젊었을 때는 패션, 약품, 화장품, 가전제품 등 모든 광고를 다 찍고 싶었고 실제로 여러 가지를 다 했어요. 그런데 사오십대가 되어서 생각을 바꿨어요. 남들은 이것저것 가리

지 않고 다 했는데 저는 그렇게 안 했습니다. 저는 적정한 시기에 버릴 걸 버렸다는 말씀입니다.

네. 중요하지요.

■ 실제로 나이가 들수록 저한테 맞지 않는 것은 잘하는 사람한테 소개해주고 제가 할 수 있는 것만 했지요. 저는 자연스럽게 현실감 있는 리얼리티를 추구하게 되었고, 그러다보니까 그 부분에서 저를 추월할 만한 사람이 없었던 거라고 봅니다. 이런 면에서 저는 일종의 행운아였고, 바로 이런 점이 육십이 넘도록 작품을 할 수 있도록 만들어준 원동력이 아닌가 싶습니다. 예를 들어, 스피드 011 같은 광고도 젊은이들의 유머 감각이 필요한 것은 젊은 감독에게 맡기고, 청운 스님과 한석규가 대숲을 걷는다든가 눈 속에서 사슴에게 물을 준다든가 하는 인간 내면의 깊숙한 이야기는 제가 연출을 했어요. 그러다보니까 감독으로서의 제 수명이 길어졌던 거지요.

후배들이 많이 참고해야 할 부분이네요. 자기한테 맞는 작품을 선별하는 게 아니라 돈이 되면 무조건 연출을 하는 경우도 많으니까요.
■ 제가 젊은 사람들한테 이야기하고 싶은 게 있어요. 자기 스타일을 만들지 않는 게 가장 큰 문제라고 봅니다. 예를 들어, 어떤 전자제품 광고의 포맷이 특이하고 좋다고 해서 그것을 다른 식품이나 의류 쪽에도 똑같이 적용하는 것은 스스로 수명을 낮추는 겁니다. 자기가 개발한 포맷을 아무 데나 적용하는 경우가 너무 많아요. 어떤 작품이

스피드 011 광고의 경우, 윤석태는 젊은이들의

유머 감각이 필요한 것은 젊은 감독에게 맡기고,

청운 스님과 한석규가 대숲을 걷는다든가 눈 속

에서 사슴에게 물을 준다든가 하는 인간 내면의

깊숙한 이야기는 스스로 연출을 했다.

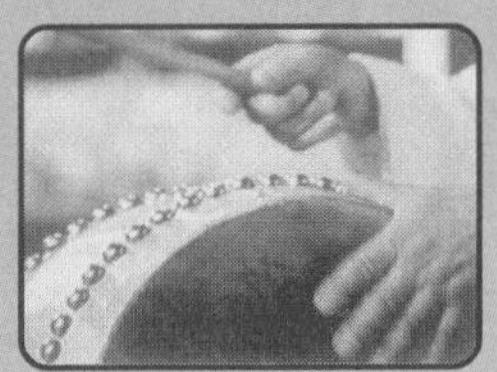

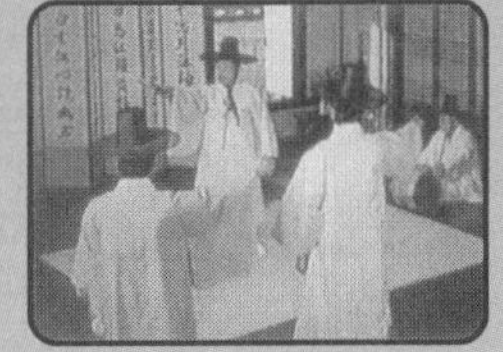

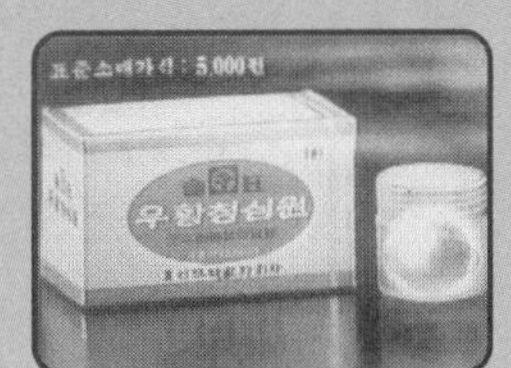

윤석태의 광고에는 우리의 정서가 한껏 녹아 있다.

박동진 명창을 소재로 한 솔표 우황청심원 광고는

사람들로부터 매우 좋은 평가를 받았다.

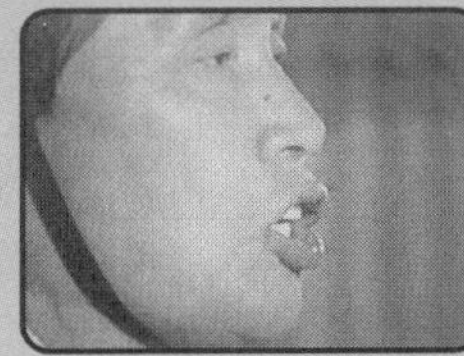

참 좋다고 해서 그 형식이 엉뚱한 데서 유사하게 나온다면 말이 안 되죠.

기성복 같은 영상이지요.

□■■ 자기 캐릭터를 분명히 해야 하지만 그게 하나의 표현 기법으로 고정되면 안 됩니다. 패션 디자이너 앙드레 김은 사람은 징그럽지만 작품에서는 놀라움 같은 것을 많이 느끼게 하거든요. 지금도 독특한 자기의 세계가 있어요. 광고에서도 화장품 같은 것은 길게 해봤자 오류 년 되는데, 그런 것을 10년 20년씩 새로운 미의 세계로 바꿔주는 연출자나 크리에이터가 우리나라에도 지금쯤은 생겨야 합니다. 저는 그렇게 봐요.

우리 광고업계의 현실이 너무 척박한 것 같습니다만…….

□■■ 하지만 제가 보기에는 연출자의 책임이 더 큽니다. 연출자가 광고회사나 광고주나 크리에이터들이 할 수 없는 새로운 스타일과 이미지를 계속 창안하면 누구도 욕 못 합니다. 제가 저 나름대로의 휴머니티를 말할 때 거의 폭군이었거든요. 누구라도 제 작품에 손을 못 대는 것은 제가 그만큼 자신이 있었기 때문이지요. 이 컷은 필요하다, 필요하지 않다, 이런 판단은 아무도 상관하지 못합니다.

마음을 담는 광고 영상의 유목민

윤석태의 이런 자신감은 오랜 경험에서 나온 영상 감각과 창의성 향상을 위한 각고의 시험과 노력에서 비롯된다. 어떤 조직에서건 꼭 있어야 하는 사람, 있어도 그만 없어도 그만인 사람, 그리고 있어서는 안 될 사람이 있다. 마찬가지로 그는 영상에서도 꼭 있어야 할 것만 있어야 하고 나머지는 필요 없다고 본다. 그래야 독특한 스타일의 영상 에너지가 충전된다고 생각하는 그의 창작 방법은 크게 네 가지로 요약할 수 있다.

첫째, 연관된 소재를 찾아내야 한다. 이를테면 자동차가 잘 달린다는 점을 찍을 때는 자동차만 찍지 않고 산에 있던 다람쥐가 놀라 뛰어가는 장면을 필름에 담는 것도 상품에 연관성을 부여하는 방법이라는 것이다.

둘째, 생명력을 불어넣어야 한다. 광고 창작자들은 무생물인 상품이 마치 살아 있는 생명체처럼 느껴지도록 상표의 개성을 만들어주어야 한다는 것이다. 그는 상품에 생명을 불어넣는 것이 영상 미학의 핵심이라고 본다.

셋째, 하나로 집약시켜야 한다. 표현 요소가 너무 많으면 절대로 집중이 되지 않는다. 따라서 내용도 집약시키고, 스토리도 집약해서 표현하고, 카피도 집약해서 표현하고, 영상의 표현도 집약해서 표현해야 한다는 것이다.

넷째, 차이가 나도록 해야 한다. 식별이란 다른 회사의 특정 브랜드와는 차이가 나는 스토리의 전개 방법이나 고유한 색깔과 톤을 의미한다. 다른 회사와는 절대로 비슷해서는 안 되며, 설령 비슷하더라도 거기에서

처음에 광고회사에서 다시다 광고 콘티를 가져왔을 때는, 김혜자 씨가 시집가는 딸에게 "국 참 잘 끓였다, 그래 이만하면 됐어"라고 말하는 것으로 되어 있었다. 그런데 모녀간의 실제 커뮤니케이션은 그렇지가 않아서, 차라리 딸을 보내는 엄마의 심정을 "잘 살아야 한다~"라는 한마디로 표현할 수가 있는 것이다.

탈피하여 광고 브랜드만의 영상 미학을 갖춰야 소비자들이 광고 상품을 금방 인식할 수 있다는 것이다.

이상의 네 가지 창작 방법을 고려한 그의 작품 세계를 들여다보자.

감독님 작품에는 독특한 커뮤니케이션 구조가 있는 것 같습니다. 음악에서 박자는 대개 1/2박자, 4/4박자, 6/8박자가 보통입니다. 그런데 우리말에 엇박자라는 게 있잖아요? 엇박자는 분명 박자가 엇갈린다는 뜻인데, 엇갈리면서도 뭔가 있기 때문에 그런 말이 생겼잖아요. 어떻게 생각하시는지요? 분명히 동문서답인데 뭔가 더 감동적인 그런 구조 말입니다.

□■■■ 미국 문화를 설명하려면 한참을 설명해야 하지만 우리는 그냥 엄마가 딸의 표정만 봐도 다 알잖아요? 그러니까 지금 상태가 어떻다는 것을 눈빛만 봐도 안다는 겁니다. 다시다 광고를 예로 들면, 완전히 동문서답이지요. 처음에 광고회사에서 콘티를 가져왔을 때는 김혜자 씨가 시집가는 딸에게 "국 참 잘 끓였다, 그래 이만하면 됐어"라고 말하는 것으로 되어 있었어요. 그런데 모녀간의 실제 커뮤니케이션은 그렇지가 않아요. 차라리 딸을 보내는 엄마의 심정을 "잘 살아야 한다~"라는 한마디로 표현할 수가 있는 거지요.

그렇죠.

□■■■ 시집 안 간 젊은애들은 눈물이 난다고 해요. 그게 바로 우리의 현실이지요. 만약 그 소재를 전 세계로 내보낸다면 그렇게 만들면 안 되지요. 콘티를 논리적으로 다시 짜야지요.

감독님이 만든 광고를 보면 이런저런 자잘한 소품들이 자주 쓰이고 있는데요?

□■■ 소재가 광고 주제에 가장 적합한가, 이것이 결정적으로 중요한 때가 있습니다. 예를 들어, 개구리에 관해서는 젊은 사람보다 제가 더 많이 알 겁니다. 가령 참외밭에 앉아 있는 개구리나 미루나무 잎에 매달린 청개구리나, 우물가에 있는 논개구리나 웅덩이에 있는 개구리나 다 각각 달라요. 같을 수가 없어요. 어디서 뭘 찍느냐에 따라 다르게 선택하는 것이 제가 강조하는 자연의 순리와 맞습니다. 저는 그림 출신이기 때문에 한번 쓱 보면 크로키로 그리거든요. 그런 자잘한 영상 데이터가 제 머릿속에 많은 거예요. 평소에 주변 사물들을 자세히 관찰하는 게 엄청 중요하지요.

광고와 현실이 차이가 나면 곤란하겠지요?

□■■ 음식 먹는 장면이 나오면 먹고 싶은 표정이 나와야 해요. 강아지가 나와 입맛을 다시면 더 효과가 올라가지요. 소품 하나하나가 큰 역할을 해요. 촬영장에서 모니터를 들여다보고 있으면 소품 하나하나가 제게 말을 걸어와요. 저는 그 소품들과 많은 이야기를 나누며 영상에 제 마음을 담아요.

우리는 자주 광고의 창의성을 이야기하지만 사실 그것은 기껏해야 통제된 창의성(controlled creativity)이 아니었던가? 작가나 화가의 상상력은 부러울 정도로 그 끝과 한계가 없다. 그러나 광고 감독의 창의성은 마

소재가 광고 주제에 적합한가, 이것이 결정적으로 중요한 때가 있다. 가령 참외밭에 앉아 있는 개구리나 미루나무 잎에 매달린 청개구리나, 우물가에 있는 논개구리나 웅덩이에 있는 개구리는 같을 수가 없다. 어디서 뭘 찍느냐에 따라 소재를 다르게 선택하는 것은 윤석태가 강조하는 자연의 순리와 들어맞으며, 자연히 그의 광고에서는 이런저런 자잘한 소품들이 자주 쓰인다. 그러므로 그는 평소에 주변 사물들을 자세히 관찰하는 것이 매우 중요하다고 말한다.

치 무당이 작두 위에서 춤을 추듯 주어진 제약 요소와 상상력 사이에서 생산적 긴장을 하지 않으면 안 된다.

　이런 맥락에서 작가나 화가의 창의성이 다소 무책임하다면 광고 감독의 그것은 엄청난 책임의식을 수반한다. 광고 감독이 주어진 여건 속에서 소품들과 대화하는 일은 상품 판매라는 광고의 일차적 기능에서 빠져나와 상품 사용자의 마음을 열어야 가능하다. 그렇기 때문에 영상이란 찍는 것이 아니라 마음을 담는 것이라고 보고, 윤석태는 오랜 세월 그렇게 광고 영상의 유목민으로 살아왔던 것이다.

유목민의 상상력과 농경민의 상상력

광고 영상의 유목민으로서 숱한 나날을 창의적인 전투를 치르며 살아온 윤석태는 시간이 갈수록 자신의 작업에 대하여 두려움을 느끼게 된다. 흔히 말하는 매너리즘에 빠져서도 아니요, 창작 의욕이 식어서도 아니었다. 치밀하게 계산된 그의 연출력은 너무나 정확해서 편집을 끝내고 나면 단 1초의 영상 과잉이나 오차도 허용하지 않았다. 그런데 그는 자로 잰 듯한 수학적 연출력이 과연 창의적인 표현 과정이라고 할 수 있느냐는 의구심 때문에 스스로 숨이 막힐 지경이었다고 한다.

그는 상품을 찍지 않고 영상에 마음을 담겠다는 생각을 굳건히 지켜 왔다. 하지만 콘티를 짜는 순간에 갖는 결과물에 대한 예측이 100% 들어맞아버리는 마치 수학 공식 같은 자신의 직관적 연출력 앞에서, 그는 창작의 막다른 골목길에서 오도 가도 못 하는 절박감을 느꼈으리라. 광고 표현에 있어서 계산되지 않은 것은 단 한 장면도 없지만, 광고 창작자들은 그래도 혹시 몰라 늘 여분의 표현들을 준비한다. 편집 과정에서 이렇게도 붙여보고 저렇게도 붙여보며 더 나은 방안들을 찾는다. 이런저런 시도는 의욕의 과잉이 아니라 더 나은 표현을 얻기 위한 모색 과정이며 영상의 완성도를 높여가는 단계인 것이다. 그는 자신에 대한 주변의 자잘한 평가에 아랑곳하지 않고, 가득한 자괴감 속에서 스스로 준엄한 판관이 되곤 했다. 그리고 망설이지 않고 자신의 약점을 고백한다.

입이 아닌 눈으로 이야기하라

감독님과 감독님 작품에 대한 주변의 평가는 대체로 긍정적입니다. 욕쟁이다, 독재자다, 독종이다 같은 부정적인 평판도 있지만 어디까지나 그것은 좋은 결과물을 위한 채찍질로 보입니다. 광고 감독을 하시면서 느꼈던 본인의 가장 큰 약점은 무엇입니까?

□■■■ 약점이 있지요. 생각이 늦게 떠올라요. 저한테는 시간을 많이 주는 게 좋은데 그냥 밀어붙여요. 저는 최종 편집본 보내면서까지도 불만을 갖고 봐요. 예를 들어, 가장 시원찮은 부분이 어느 곳인지, 어떻게 바꿔야 되는지…… 생각이 안 나니까 그냥 보내기는 해요. 그런데 최종 편집본을 보낸 다음 집에 가서 자려고 하면 생각이 나는 거예요. 이미 다 끝난 다음이라 할 수 없이 그걸 남겼다가 다른 데 쓰지요. 편집이 끝나고 나서도 늘 비판적으로 봐요. 아마 나보고 무섭다고 하는

데는 그런 부분도 있을 거예요. 노상 찡그리고 있다고요. 마지막에 "OK, 수고했어!"라고 하기 전에 한 번 더 생각해요. 다른 방법이 없을까, 또 다른 방법이 없을까 하다가 "수고들 했다, 나 집에 간다" 하고 끝내는데, 나중에 생각나면 환장하는 거지요. 그렇게 안 하려고 매번 노력은 무지하게 해요.

그건 약점이나 단점이라기보다 오히려 치열함이라고 볼 수 있겠는데요?
아니죠. 번쩍번쩍해야지요.

아니 그런 사람들이 어디 있겠습니까?
그런 사람들이 있어요. 아이디어가 번쩍번쩍하는 사람들이 있는데, 나는 번쩍번쩍하는 아이디어가 나오지 않고 뻑뻑해요. 큰 약점이죠.

그동안 힘은 드셨겠지만 우리의 광고 크리에이티브 영역을 한 단계 비약시켰다는 면에서 주변의 평가도 괜찮은 편이라 행복한 만년이 아닌가 싶습니다.

□■■ 제가 정확히 63세까지 작품을 했어요. 기록적인 일이고 누구보다도 행복한 사람이죠. 그건 인정합니다. 그러나 지금도 내가 찍은 광고를 보면 왜 저걸 저렇게 찍었지, 하는 안타까움이 있어요. 60세가 되면 그만두려고 했는데 일이 계속 들어오니까 63세까지 갔어요. 그러다가 결국 그만두었는데 제 자신이 두려웠기 때문이지요.

이해가 될지 모르겠는데 당시 저는 지나친 완벽주의를 추구하고 있었어요. 예를 들어, 작품 의뢰가 들어오면 콘티를 다 짜고 사이즈나 초수를 계산해서 그대로 찍어요. 그대로 안 된다면 수십 번 찍겠지만, 이제 귀신이 거의 다 되서 이 사람은 어떻게 요리해야 그게 나오겠다, 그것까지 다 계산이 돼요.

그러니까 보통 일고여덟 시간 찍을 컷을 두세 시간에 끝내버려요. 편집도 머릿속에 정해진 순서대로 툭툭툭툭 잘라 붙이면 그게 끝이야. 조금 늘리고 줄이고 하면 끝이야. 그러니까 한 두 시간 하면 끝나고, 다른 거 편집할 게 없고, 그러면 '됐다' 하는 생각이 들어요. 그게 너무 무서웠어요. 그동안 너무 많이 해서인지, 계산을 너무 완벽하게 해서 딱 붙이고 넘어가면 끝나는, 그게 두려웠던 겁니다. 이제 나는 더 이상 뭔가를 기대하지 않는구나, 그런 생각이 들더라고요. 내가 찍어도 무서운 거야. 뭐 한 컷이라도 남는 게 있어야지.

그렇군요.

□■■ 혹시 엑스트라 컷이 필요할지 모르겠다 싶어 딱 하나 찍어놓으면, 그게 꼭 필요한 경우가 생기고 남는 컷이 없어요. 처음부터 완전히 작품을 만들어놓고 거기 맞춰서 찍고 편집을 하니까 머릿속에 더 이상 여유가 안 생겨요. 그러면 안 되는데 사전에 많이 생각하고 찍으니까 자꾸 요령이 붙는 거죠.

하지만 그렇게 되기까지 피나는 노력이 있었잖아요. 작가들도 많이 갈등하는 부분이지요. 이문열, 이청준, 신경숙 같은 작가들도 굉장히 고민이 많아요. 대가급 작가들도 대체로 큰 구도나 페이지별 구분을 해놓고 쓰는데, 그렇게 하면 대개는 딱 그렇게 나온다는 겁니다. 두렵다는 이야기를 제가 일급 작가들한테 들은 적이 있거든요.

□■■ 맞아요. 정말 두려워요. 미리 너무 계산해서, 거의 남는 것 없이, 그냥 쭉쭉 해나가니까요. 너무 제대로 맞추니까 두려운 거죠. 어떨 때는 이렇게 하면 안 되겠는데 하는 생각 때문에 진짜 그만둬야겠다고 다짐한 적도 있어요.

그렇다면 도대체 광고 영상이란 한마디로 뭘까요?
□■■ 한마디라, 참 어렵네요. 글쎄요, 거 참. 이유 있는 커뮤니케이션이라고 할 수 있겠어요.

모든 감독들이 다 그 점을 생각하고 찍지만 결과물을 보면 엄청난 차이가 나잖아요? 똑같은 콘티로 찍어도 결과는 엄청난 차이가 있어요.

□■■■맞아요. 그게 무슨 말인가 하면 지금 립스틱 광고를 찍는다고 합시다. 그냥 사람 얼굴을 찍는다고 하면 그 카메라 앵글이 달라져야 해요. 예를 들어, 약간 눈썹이 잘리더라도 턱이 더 나와야 된다는 말이지요. 그런데 어떤 감독은 영상의 기본 문법에 충실해서 얼굴을 중심으로 찍어요. 클로즈업도 립스틱을 위한 광고냐 눈썹 마스카라를 위한 광고냐에 따라서 다르다고요. 만약 립스틱이라면 턱을 좀더 잘라내야 해요. 그게 1cm 또는 5mm의 차이인데, 그 느낌이 엄청나게 달라요.

또, 소품을 쓸 때도 분명한 이유가 있어야 해요. 누구에게도 답변할 수 없으면 그건 불필요한 소품이지요. 소품 하나하나가 이야기가 있고 이유가 있어야 된다는 말입니다. 그런데 정원이면 나무와 꽃만 갖다놓고, 싱크대면 비싼 싱크대 갖다놓고 나서 소품 준비를 다 했다는 거예요. 그러니까 불필요한 소품들이 주제를 막 잡아먹어요. 저는 절대 그런 것 인정하지 못해요. 입으로 얘기하지 못하는 것을 눈으로 얘기할 수 있어야 합니다.

재미있는 표현입니다.

□■■■예. 입으로 얘기하지 못하고 눈으로 얘기하는 것, 그게 감각이고 심취라고 할 수 있겠지요. 그러니까 자연, 동물, 사람, 소품, 이런 것 자체가 주제에 철저하게 들어맞아야 해요.

 홀로 가는 크리에이티브의 길

광고 영상을 '이유 있는 커뮤니케이션'이라고 말하는 그의 광고 철학을 뒤집어보면 이유가 없으면 커뮤니케이션도 되지 않는, 광고 영상이 아닌 보통의 영상에 불과하다는 것이다. 카메라 앵글도 이유가 있어야 하고, 광고 상품과 모델은 물론 배경과 소품 하나하나도 나름대로의 존재 이유가 있어야 커뮤니케이션에 성공할 수 있다는 뜻이다. 이성(입)으로는 말하지 못해도 감성(눈)으로는 말할 수 있다는 이상한 논리. 이는 네이턴슨(M. Natanson) 같은 현상학자들이 말하는 '개인 경험의 침전 구조(sedimental structure)'로 설명이 가능하다. 즉, 한 인생의 축적된 경험이야말로 모든 새로운 사건과 행위를 해석하는 조건인데, 이성이 할 수 없는 것을 감성이 할 수 있고, 이는 곧 개인 경험의 침전물이나 마찬가지라는 것이다. 윤석태가 말하는 감각 또는 심취란 결국 개인 경험의 침전에서 나오는 예술 사회학적 성찰이다.

그렇다면 그는 카피에 대하여 어떻게 생각하고 있을까? 그는 자신의 광고 인생을 회고하면서 카피라이터 출신의 이인구 교수와 이강우 전 세종문화 전무에게 가장 많은 빚을 졌다고 고백한 바 있는데(『광고정보』 2001년 6월호, 86–89쪽), 공교롭게도 두 사람은 모두 카피 지향적인 성격을 지닌다. 특히 CM 플래너 이강우와는 처음 만나서도 오랜 친구처럼 호흡이 잘 맞았고, 발상에 있어서도 카피적 접근과 영상적 접근이 상승 작용을 일으켜 22년간을 함께 보냈다며 남다른 감사를 나타낸 바 있다. 카피라이터의 도움을 유난히 많이 받은 그로부터 카피에 대한 생각을 들어보자.

어떻게 호흡할 것인가

카피라는 게 카피라이터가 쓰지만 현장에서 고치는 경우가 허다하고, 녹음실에서 고치는 경우도 많은데, 감독님은 좋은 카피란 어떤 것이라고 생각하세요?

□■■카피라이터가 가장 오류를 범하기 쉬운 게 카피를 글이라고 생각하는 것입니다.

심각한 문제이지요.

□■■글자 수를 하나 둘 세어서 15초에 안 들어간다며 어쩌고저쩌고 하는 카피라이터가 있어요. 심지어 책에 보면 몇 자까지가 한도라고 나와 있다며 흥분하는 얼치기도 있지요. 하지만, 예를 들어, 스피드 011 광고에서 한석규하고 청운 스님은 이미 무언의 대화를 하고 있는 거예요. 소리는 안 나지만 두 사람이 많은 얘기를 하고 있는 거죠.

비언어적 커뮤니케이션이겠지요.

□■■예. 그러니까 이인구 씨가 "카피가 없는 것도 카피다"라고 했어요. 영상에는 그런 게 많습니다. 카피를 맞추다보면 입맛 단맛 다 빠져버려요. 많은 광고들이 카피로 꽉 차 있어요. 하고 싶은 얘기 다 하다보니까 공감이 안 가는 거예요. 그게 뭐냐 하면 영상으로 보고 느끼면서 말을 들어야 되는데, 귀로 들려준다는 데에 문제가 있어요. 보고 들어야 되는데 보고 듣는 건 무시하고 귀로 듣는 것만 카피라고 생각

하니까 말이 많아져요. 그러다보니까 주고받는 호흡이 빠져버리는 거예요.

호흡이라는 게 커머셜에서 참 중요하죠.

□■■□ 저는 호흡을 굉장히 중요시합니다. 사람들이 왜 "하나, 둘, 셋" 하겠어요? 연출자가 "준비, 큐" 그러면 모델이 연기하기 힘들어요. 예를 들어, "자, 준비~, 큐" 이렇게 되어야지 "준비, 큐" 이건 안 돼요. 리듬이 안 맞아요. 가령 1/4박자냐 1/8박자냐 하는 것도 처음부터 작품에 정해져 있어야 해요. 그래서 찍는 것도 전부 그 호흡에 맞춰야 해요. 어떤 것은 빠른 리듬으로 가다가 어떤 것은 천천히 가고, 또 어떤 것은 보통으로 가고 하면 나중에 편집이 안 되요. 호흡이 안 맞아서요.

그러니까 구성의 템포를 계산해서 카피를 써야 한다는 말씀인가요?

□■■□ 예. 카피도 그렇고 연출도 그렇고, 호흡을 어떻게 할 것인지를 먼저 정해야 해요. 대부분의 사람들은 영상이 고속이냐 보통이냐 하는 문제가 호흡과 연관된 것이라고 착각하기 쉬운데, 그거하고는 전혀 관계가 없어요. 어떤 프레임을 늘리고 줄이는 것과 호흡하고는 전혀 관계가 없다는 거지요. 어디까지나 편집의 기준을 말하는 거죠. 「운명교향곡」을 예로 들면, '짜자자잔~ 짜자자잔~' 이렇게 수없이 리듬을 변화시키면서 처음부터 끝까지 끌고가는 고리거든요. 더구나 커머셜에서는 소재가 딱 하나밖에 안 되니까 지나치게 많은 변화를

주면 공감도가 떨어져요. 그런 호흡관계를 저는 굉장히 중요하게 생
각해요.

그는 카피라이팅에 있어서 영상과의 호흡이 가장 중요하다고 본다.
섹스에 있어서도 서로 간의 템포를 맞추는 것이 가장 중요하듯이, 커머셜
에서도 영상과 카피가 변화무쌍하게 움직이다가 어느 순간 절묘하게 호
흡을 맞추는 것이 가장 중요하다는 것이다. 그는 초창기에 카피의 중요성
을 인정하기는 하였지만, 그것을 영상의 하위 개념으로 보는 입장이었다.
그러나 나중에는 카피가 영상을 설명해서도 안 되고 영상이 카피를 반영
해서도 안 되며, 카피가 영상의 영양제라는 쪽으로 입장을 바꾼다.
　영상은 오디오와 비디오의 결합으로 이루어지는데 영상 자체는 거짓
말을 못 한다. 따라서 그는, 영상이란 있는 그대로 카메라에 담겨지므로
있는 그대로의 '죽은' 영상은 찍지 말라고 충고한다. 작품은 연출자를 닮
고 연출자는 작품으로 말한다. 영상이 반드시 카피와 호흡을 맞춰야 하
듯이, 카피 역시 글이 아닌 이유 있는 커뮤니케이션이 되어야 하기 때문
에 영상과의 호흡 조절이 필요하다. 이런 맥락에서 카피라이터가 백지에
쓴 글은 카피가 아니라 거친 메시지 덩어리일 뿐이며, 영상과 더불어 진
땀나게 호흡 조절을 한 것만이 모름지기 좋은 카피라고 할 수 있다는 것
이다.

방법은 오직 하나, 찾아라

칸 국제광고영화제를 국내에 처음으로 소개하고, 일찍이 외국 광고에 눈을 돌리셨는데, 지구촌 사회에서 우리 광고의 창의성은 어떤 방향으로 나아가야 할까요?

□■■ 일종의 오기와 자존심에서 외국 광고와 광고제에 관심을 가졌어요. 제 작품 세계가 좀 남달라 보인다고 하지만 이것을 세계화하려면 방법을 달리해야 합니다. 한국적인 커뮤니케이션으로는 한계가 있어요. 같은 소재도 다민족 사회에 공통으로 알리기 위해서는 현지 문화에 대한 이해가 가장 중요해요. 이제 광고 문화의 시대가 온 거예요.

가장 한국적인 것이 가장 세계적이다, 라는 말도 있지 않습니까?

□■■ 꼭 그렇지만은 않아요. 우리는 충격적으로 받아들이는 내용을 외국 사람들은 그냥 넘어가요. 문화의 차이지요. 예를 들어, 「여보! 아버님 댁에 보일러 놓아드려야겠어요」 같은 경동 보일러 광고는 외국 사람이 보면 도저히 이해가 안 가지요. 미국 같은 곳은 부모 자식 간에 일 년에 몇 번 전화하고 마는 사회죠. 그래서 부모가 자식 걱정하며, "애들 추운데 고생은 안 하나?" 이렇게는 안 하지요. 미국 사람은 전화 안부가 끝이죠. 어쨌든 이제 국제 광고 표현을 위해 외국 문화를 많이 공부할 필요가 있어요.

윤석태는 미적인 것에 눈을 떠 화가가 되고 싶었지만 31년간 다른 길을 걸었고, 불같은 성격 때문에 스스로 자멸할지도 모른다며 늘 불안의 그림자를 달고다녔다. 하지만 그는 결국 우리나라 최초의 CM 작품집이라 할 수 있는 『윤석태 TV-CF 작품집 Q-30』(도서출판 호미, 2001)을 펴내고 전시회를 열기에 이른다. 그는 이 책의 서장에 해당하는 「광고주가 찾는 사람, 광고주를 찾아가는 사람」에서 광고 창작자들에게 마치 잠언 같은 충고를 다음과 같이 하고 있다.

> 일은 찾아서 하는 것이지 받아서 하는 것이 아니다
> 맞는 말이다
> 그러나
> 크리에이터는 일을 구걸해서는 안 된다
> 크리에이터는 일을 돈으로 흥정해서는 더더욱 안 된다
>
> 찾는 사람이 되든가
> 찾는 사람이 되도록 노력하든가
> 크리에이터가 가는 길은 그 길밖에 없다
>
> —『윤석태 TV-CF 작품집 Q-30』, 11쪽

그가 헤쳐온 크리에이티브 정신을 가리켜 농경민의 상상력이 아닌 유목민의 상상력으로 부른 데에는 이상의 '찾아서'가 단서가 되었다. 그는 찾기 위하여 크리에이티브의 길을 떠났고 떠나온 그 길에서 또 다른 길을 찾았다. 해마다 한곳에 머물러 농사를 짓는 농경민에 비해 늘 새로운 터

전을 찾아 떠나야 하는 유목민의 운명은 얼마나 치열하며 신산(辛酸)스러 운 것인가.

1978년 9월 18일 충무로에서 세종문화를 시작한 이후, 2000년 3월 31 일 자진 폐업하고 나서 경주에 한국광고영상박물관 건립을 진두지휘하고 있는 것도 그가 지닌 유목민의 상상력이 뒷받침되었기에 가능하였을 것 이다. 아니면 그만의 광고 창의성 개념인 '호흡 조절' 이 역사 속으로 숨 을 고르며 또다시 확장되고 화석화되는 과정일지도 모른다.

연출자가 할 일이 "보이는 것을 찍지 말고 / 보여지는 것들의 마음을 담는 일"(『윤석태 TV-CF 작품집 Q-30』, 21쪽)이어 야 하듯이, 광고 영상의 족장은 앞으로 광고 자료의 수집과 분류에 만 머무르지 말고 그것들의 마음을 전시해야 할 것이다. 이때 비로 소 우리 광고가 시대와 더불어 역사와 더불어 영원한 호흡 조절을 할 수 있지 않겠는가?

길 위에서 크리에이티브를 줍다

터를 일으킨 산업의 설계도

이기홍

판을 키워야 신명이 난다
얽히고설킨 지식의 거미줄

1936년생. 고려대 경영학과 졸업. 한국일보, 한국방송광고공사, 선연으로 이어지는 광고 인생 중 많은 시간을 그는 광고업계 전체를 위하여 할애했는데, 특히 광고 산업 발전과 공익 광고의 진흥 및 광고 교육이 그의 주요 관심사였다. 그는 '얽히고설킨 지식의 거미줄' 이 광고계의 판을 키우는 광고 창의성 개념이라 믿고 전력투구했다.

창의적인 사람들은 한 가지 점만은 일치한다. 즉, 자신이 하는 일을 매우 사랑한다.

판을 키워야 신명이 난다

광고 표현이 과학의 결과이냐 예술의 결과이냐를 놓고 많은 말들이 있지만 예술적 재능의 결과라고 해봐야 기껏해야 상업 예술의 범주에 속할 것이다. 그런데 상업 예술은 산업적 뒷받침이 되어야 꽃을 활짝 피우는 속성이 있기 때문에 광고 산업의 발전 문제가 새삼 중요해진다. 아무리 아름다운 화초라 할지라도 꽃을 피울 수 있는 화분이 마련되지 않으면 이름 모를 들꽃으로 피었다 흔적 없이 사라지고 만다. 광고 표현 역시 광고 산업의 부침이라는 물적 토대로부터 결코 자유롭지 못할 것이다.

크리에이티브의 피를 직접 자기 손에 묻히지는 않았지만 광고 창의성의 꽃을 더 활짝 피울 수 있도록 산업의 기반을 마련해온 한 인물의 개인사를 추적하는 일은 재미있고도 유익하다. 신작로 만든 사람은 따로 있고 그 길을 지나가는 사람도 따로 있다는 말이 있는데, 이는 광고 산업의 발전 과정에도 그대로 적용된다. 즉, 척박한 이 나라의 광고 환경을 개선하기 위해 불철주야 자신의 온 젊음을 바친 사람이 있었기에 오늘날 우리 광고계가 이 정도나마 모양새를 갖출 수 있었고, 광고인들 역시 소위 첨단 문화 산업에 종사한다는 자부심을 가질 수 있었던 것이다. 여러 경로를 거쳐 알아본 결과, 우리 광고 산업이 이나마 발전한 데는 이기홍의 노고가 컸다고 한다.

광고인이기 이전에 지식인이 되어라

그동안 광고 산업 발전에 남다른 노력을 기울이셨는데, 광고 산업과 창의성의 관계는 어떠할까요?

□■■■광고 산업 환경의 수준에 따라서 크리에이티브 수준도 달라진다고 봐요. 소비자가 광고를 보고 느끼는 수준, 광고주가 광고 메시지를 만드는 수준, 그리고 광고를 만들고 집행하는 광고인의 수준에 따라서 표현도 달라진다고 봅니다.

예를 들어, 스위스 사람들은 문화적인 감각이 높기 때문에 광고에 추상화 같은 내용이 있어도 충분히 공감을 해요. 그런데 문화적인 식견이 낮은 사회에서는 그렇지 못하겠지요. 어쨌든 제가 보는 광고 창의성이란 과연 광고하고자 하는 객체를 짧은 순간에 소비자에게 깊이 각인시켜서 광고물에 예술적 감각을 담아낼 수 있느냐 없느냐에 달린 것이죠. 그런데 요즘에는 산업 환경의 수준과 동떨어지게 광고를 만들고 찰나적인 감각만을 강조한 광고물이 많아요. 창의적인 아이디어를 살려서 좀더 오래갈 수 있는 광고를 만들기보다 찰나적인 광고를 만드는 데 너무 많은 시간과 정력을 낭비하다보니까, 경제적 효과를 낼 수 있는 광고물이 점점 없어지는 것 같아 걱정스럽습니다.

그런 현상이 만연되어 있다고 보십니까?

□■■■ 대체로 그렇지요. 의식이나 생활양식에 변화가 오면서 광고도 변하고 있기는 한데, 젊은 크리에이터들이 너무 그런 쪽으로 기울어져 있어요. 너무 감각적이고 너무 순간적이어서 어떤 브랜드를 갖다 붙여도 말이 되는 광고들이 특히 문제라고 봐요. 일종의 모방주의인데 진정한 창의성이라고 할 수 없어요.

진정한 의미에서의 창의성은 어디에서 나올까요?

□■■■ 단도직입적으로 말하자면 지식에서 나온다고 봐요. 지식으로부터 모든 창의성이 나올 수 있는데, 요즘 젊은이들은 그렇게 생각하지 않고 창의성이 지식하고 다른 것이라고 보는 것 같습니다.

많이들 그렇게 생각하지요.

□■■■ 다시 말하지만 기본 지식을 갖추지 못하면 진정한 의미에서의 창의성이 나올 수 없어요. 물론 변칙적인 아이디어는 순간순간 나올 수도 있겠지요. 하지만 적어도 광고 메시지를 어떻게 다르게 표현해

서 소비자에게 어필하느냐 하는 아이디어 창출은 제품뿐만 아니라 일반 소비자나 우리 주변에서의 교양과 지식에서 나온다고 봐요.

유홍준 교수가 『나의 문화유산답사기』의 서문에서 "아는 만큼 보이고 보는 만큼 느낀다"고 했는데 이 말은 광고 창의성에도 그대로 적용됩니다. 인터넷 시대가 오면서 순간적으로 자기에게 필요한 지식만 발췌해서 보는 환경에 처해 있기 때문에 교양적 지식이 더욱 중요해요. 길게 보면 교양적인 지식을 두루 갖춘 사람에게서 훨씬 더 폭넓고 참신한 아이디어가 나올 수 있다고 봐요. 젊은 세대의 문제점이 거기에 있어요. 검색만 하다보면 세상을 바라보는 폭이 줄어드는데, 광고인은 이를 극복해야 해요. 사대주의적인 말이 아니라 서양의 유명한 광고 크리에이터들을 만나보면 자기네 고전이나 희랍 신화를 훤히 꿰고 있고, 실제로 그런 내용들을 광고에 반영한다고 해요.

많이 공감합니다.

□■■■ 그래서 저는 어느 자리에서나 광고인이 되기에 앞서 지식인이 되어야 한다는 말을 자주 합니다. 지식인으로서의 소양과 교양을 갖추고 난 다음에 광고인으로 전문가의 길을 갈 때 창의성이 가장 잘 발휘된다고 봅니다.

광고 산업 발전을 위해 걸어온 길

이기홍은 대학을 졸업하고 1961년에 한국일보에 입사하는 것으로 광고 인생을 시작한다. 처음에는 코리아타임즈(Korea Times) 기자를 희망했었는데, 고 장기영 사주가 광고를 해보라고 권하여 심각한 고민 끝에 광고 영업을 하기로 결심한다. 이 과정에서 그는 자본주의 경제 체제에서 광고가 상당한 역할을 할 것으로 전망하고, 외국에서 책을 사다가 독학을 하면서 본격적인 광고 공부를 시작한다. 1968년에 우리나라 광고인으로는 처음으로 홍익대학교 미술대학에 출강하여 광고 이론을 강의하였으며, 1970년 인도 뉴델리에서 개최된 애드아시아(Ad Asia)에 광고인 교육 패널리스트로 참가하기도 하였다.

　이후, 한국광고협의회(현 한국광고단체연합회 전신) 회장, 한국방송광고공사 전무이사 및 감사, 세계광고협회 한국지부 회장, 한국광고업협회 회장 등을 역임하였고, 그동안 광고 산업 발전에 기여한 공로를 인정받아 1997년에 정부로부터 국민훈장 동백장을 받았다. 그는 우연치 않게 광고라는 직업을 가지게 되었지만 광고 산업의 각 분야에 다양한 영향을 미치며, 환갑을 훌쩍 넘긴 나이에도 뜨거운 현장에서 뛰는 영원한 현역을 자처하고 있다.

오래전부터 광고인 교육의 중요성을 강조하신 것으로 알고 있는데요?

　□■■ 양질의 원료가 들어가야 양질의 제품이 나오듯이, 능력과 지식이 있는 광고인이 많아져야 창의성의 수준과 전문성이 높아질 거라는

믿음에서 광고인 교육을 유난히 강조했습니다. 1968년에 처음 홍익대학교 미술대학 학생들에게 강의를 한 이후, 한국방송광고공사 설립 멤버로 들어갔을 때도, 일반 광고회사들이 자금 문제로 시도하지 못하니까 공사의 공익자금으로 광고교육원을 만들자고 제안했어요.

또 이미 1970년대에 우리도 광고인 교육을 시켜보자 싶어, 네덜란드의 마리케 드무이(Marieke De Mooij) 씨가 국제광고협회(IAA) 교육위원장이었을 때, 저 혼자 스페인에 가서 서투른 영어로 한국방송광고공사의 광고교육원에 대한 프레젠테이션을 하고 설득하고 해서 세계에서 17번째로 자격 인증을 받았잖아요? 그래서 우리나라에도 젊은 광고인을 위한 IAA 자격증이 도입된 겁니다.

그 밖에도 광고 자료실을 만들어 국내외 광고 관련 논문이나 자료들을 집대성해서 광고인에게 전문지식을 제공하자고 제안해서 오늘에 이르렀어요. 한국방송광고공사 자료실은 국내 어느 대학 도서관보다 많은 마케팅 커뮤니케이션 자료들을 갖추었다고 봐요. 또한, 자본주의 경제를 제대로 이끌어온 서구 사회에는 이런 면에서 편집 쪽이든 광고 쪽이든 전문인을 교육시킬 수 있는 그랜트(grant)들이 많았는데, 우리는 광고 분야에 대해서는 거의 전무한 형편입니다. 저는 그 꿈을 가지고 있어요. 광고인 교육기금을 만들어서 후배들에게 지원해주는 시스템을 만들어야 해요. 이제 저의 마지막 소망은 젊은 광고인을 위한 교육기금을 하나 만들어놓아야겠다는 것입니다.

상당한 비용이 들어가는 문제일 텐데요.

□■■■ 적어도 100억 원 이상을 기금으로 조성해야죠. 움직이면 가능합니다. 지금 한국방송광고공사의 공익자금이 방송발전기금으로만 되어 있는데 '방송 및 광고발전기금'으로 이름을 바꿔야 합니다. 그래야 법적으로 돈을 쓸 수 있어요. 광고가 사회경제 제도의 하나라고 한다면 그 제도를 감싸고 있는 법을 이해해야 하는데, 우리나라 광고계의 맹점은 행정과 법을 너무 모른다는 거예요. 저는 적어도 우리나라 광고 산업을 좀더 발전시키고 해외에 좀 알려야겠다는 일념으로 30대 때도 사명감을 가지고 뛰어다녔어요. 그런데 요즘은 자기가 종속된 조직에서 일하면 그것으로만 만족하려고 하고, 직업인으로서 자기가 몸담고 있는 산업을 발전시키겠다는 의식을 가진 사람들은 많지 않은 것 같아요.

그는 창의적인 광고인이 되는 데 지식이 가장 중요하다고 보고 그 기반을 산업적 차원에서 마련해주기 위해 여러 경로로 노력하였다. 창의적인 아이디어란 그냥 나오는 것이 아니라 인류 문명과 동시대인들의 문화에 대한 이해가 전제되어야 가능하다고 보았던 것이다. 그 스스로도 낮에는 현장의 밭을 갈고 밤에는 국내외 여러 광고 관련 서적들과 교양서들을 읽으면서 지식을 습득해나갔는데, 그동안 국내외 여러 광고 관련 매체에 기고한 글말고도 세 권의 단행본을 펴냈다.

그가 편역한 『정치광고론』(한국일보사, 1985)은 미국의 대통령 선거 광고 사례에 대한 외국 학자들의 연구를 번역하여 편집한 것이며, 『선거

이기홍은 창의적인 광고인이 되는 데 지식이 가장 중요하다고 보고 그 기반을 산업적 차원에서 마련해주기 위해 여러 경로로 노력하였다. 그가 편역한 『정치광고론』은 미국의 대통령 선거 광고 사례에 대한 외국 학자들의 연구를 번역하여 편집한 것이며, 『선거와 정치광고』는 우리나라의 대통령 선거 사례를 체계적으로 정리한 책이다.

와 정치광고』(나남출판, 1986)는 우리나라의 대통령 선거 사례를 체계적으로 정리한 책이다. 이 책은 정치 광고에 관한 논문에서 거의 매번 인용되고 있는데, 그는 '정치 후보자는 새로운 상품' 이라는 카틀러(P. Kotler)의 명제에 따라 대통령 후보들이 어떤 과정을 거쳐 당선이 되었는지를 명쾌하게 제시하고 있다. 마지막으로 차배근 교수와 김우룡 교수와 함께 『매스컴대사전』(프레스센터, 1993)을 편찬함으로써 우리 언론학계에 유용한 길라잡이 하나를 제시했다.

어떤 동기로 정치 광고 관련 책을 쓰시게 되셨나요?

□■■□ 외국의 정치 광고 관련 서적을 몇 권 읽으면서 적어도 민주주의를 하려면 선거하는 방법을 바꿔보면 좋겠다는 생각이 들었습니다. 책을 내려고 했더니 안기부 쪽 사람이 지금 때가 어느 때인데 겁도 없이 그런 시도를 하느냐며 말렸어요. 그런데 소신에 변함이 없어서 밀고나갔지요. 밤새 번역도 하고 자료도 편집했어요. 자세히 보니까 제3공화국 박정희 공화당 후보가 광고를 가장 조직적으로 잘했어요. 사실은 지금보다도 잘했어요. 어떤 의미에서 그때 제가 책을 번역하고 쓰게 된 동기는 딱 하나입니다. 광고가 이렇게 다양하게 활용될 수 있다는 것을 이 사회에 과시하자는 것이었지요. 광고하는 사람들에 대한 인식이 너무 나쁜 때였는데도 책이 나오자마자 신문마다 서평을 써주었어요.

미국과 일본에 비해 우리 광고 산업 기반이 아직도 취약한 듯한데, 어떻게
보세요?

□■■■ 네. 1980년 언론 통폐합 당시, 정부가 방송 광고 대행 수수료를
인정하지 않겠다는 정책을 수립해놓았어요. 사실 저 혼자서 청와대
비서실과 정부 부처 뛰어다니며, 그렇게 하면 광고 산업이 죽는다며
대행 수수료 인정의 당위성을 설명하고 설득하고 그랬어요. 분위기
가 살벌하니까 그때는 누구도 그런 주장을 못했는데, 제가 정말 요즘
말로 빡빡 우겼어요. 마침내 거기에 해외 공보관으로 있던 몇 사람이
공감을 해주어 대행 수수료 인정을 받았지요. 사회에 미치는 영향력
이 클 때 산업이 힘을 갖죠. 비록 우리 광고가 100년 역사를 가지고
있다고 하지만, 저는 1964년 박정희 군사정권 시절에 외자 도입을
하고 경공업 제품과 일반 소비재를 생산하면서 소비와 생산의 균형
이 약간씩 깨지기 시작한 그 시점부터 우리나라 광고 산업이 본격적
으로 부화되었다고 봅니다. 그러나 아직도 몹시 취약하다고 할 수 있
어요.

벌써 20여 년 전에 상당한 광고 인프라를 구축하셨는데, 요즘은 별로 새로
운 제도나 아이디어 없이 이미 만들어진 기구 같은 데에 기대려는 사람들
만 많은 것 같습니다.

□■■■ 저도 그렇게 느껴요. 나름대로 이유는 있어요. 지금 광고 시장이
과거 20년 전에 비해서는 아주 경쟁적으로 변했어요. 더구나 외국 자
본이 들어와서 우리 광고 시장의 반 이상을 점유하다보니까, 사람들

이 산업 발전이라든가 원대한 앞날 같은 것을 생각하지 못하고 당장 자신이 몸담고 있는 기업에서 이익을 내야 한다는 생각들만 해요. 단편적인 싸움만 있을 뿐 발전이 이루어지는 것은 아니라고 봐요. 물론 경쟁 속에서 발전을 할 수 있을지는 모르지만, 적어도 산업에 대한 인프라를 구축한다든가 제도적 차원에서 미래를 모색해야 하는데 아직 그런 것은 못 하고 있다고 봐요. 한국광고단체연합회나 한국광고학회 같은 곳에서 공동의 방안을 모색해야 한다고 봅니다.

여러 활동들을 종합해보면 광고 창의성 향상에 있어서 물질적 지원과 인재에 대한 투자를 가장 중요하게 생각하시는 것 같습니다.

□■■ 맞아요. 사람에 대한 투자가 가장 중요합니다. 사람에 대한 투자로 지식 있고 기능적으로도 우수한 전문인을 키워낼 때 광고 산업이 발전합니다. 그렇지 않고선 발전할 수가 없어요. 그런데 광고주, 매체사, 광고회사 이 셋 중에서 광고주에게 가장 많은 문제가 있어요. 우리나라 광고주들 중에 일 년에 수백 억을 쓰는 광고주가 광고에 대해 관심을 기울이고 광고 행사에 적극적으로 참여하는 경우는 많지 않습니다. 아직도 광고회사를 무슨 하청업체 정도로 보는 광고주가 많아요. 카피 하나 비주얼 하나에도 더욱 세심한 관심을 기울이고 광고인의 전문성을 인정해주어야 하는데, 그런 면모가 아직도 많이 부족해요. 그리고 우리나라 광고 산업에 있어서 가장 후진적인 것은 거래 관행입니다. 우리의 거래 관행은 좋게 말해서 후진적이지만 나쁘게 표현하면 투명성이 없어요. 광고회사가 20년 사이에 열 개 미만에서

200개 이상으로 늘었으니까 갈수록 경쟁이 치열해지고, 그러다보니까 정도에서 벗어난 이런저런 경우가 많이 생겼어요.

광고문화회관 건립 문제는 어떻게 되어가고 있습니까?

□■■■ 저도 건립추진 위원으로 들어가 있지만, 공익자금을 바탕으로 광고회관을 지어서 후배 광고인들이 자주 활용할 수 있는 공간을 제공해야 해요. 지금 지분이 어떻고 소유가 어떻고를 따질 계제가 아닙니다. 광고 산업을 위해서 모두가 조금씩 양보하며 합리적으로 풀어나가야지 참여 여부를 놓고 편가르기를 해서는 안 됩니다. 잘 지어서 후배들에게 고스란히 물려준다고만 생각하면 모든 것이 순조롭게 풀리겠지요.

창의성 연구에 있어서 세계적 권위자로 인정받고 있는 미하이 칙센트미하이(Mihaly Csikszentmihalyi)는 그의 대표적 저작인 『창의성 Creativity』(1996)에서, 창의성이란 상징적인 규칙들을 포함하는 문화 영역, 상징 영역에 새로운 바람을 가져오는 사람, 그리고 그러한 새로움을 인정하고 확인하는 전문가들로 이루어진 현장 등 세 가지 요소로 구성되는 체계의 상호 작용으로부터 발현된다고 하였다. 칙센트미하이의 체계 이론에 의하면, 이기홍은 우리 광고의 창의성 향상을 위하여 현장의 영역을 넓히는 데 주력하였던 셈이다.

모든 도박판은 판이 커질 때 흥분의 도가니가 된다. 그 역시 늘 현장에 있으면서 현장의 목소리를 통하여 광고계의 판을 키우기 위해 노력해왔다. 그는 남들이 꺼려하는 일을 마다하지 않았고 때로는 기꺼이 앞장서기도 하였다. 광고 산업이라는 판을 키워야 결국에는 우리 광고의 앞날이 밝을 것으로 보았으며 사람에 대한 투자가 가장 으뜸 덕목이 되어야 한다고 보았던 것이다. 한국 사회에서 광고의 위상이 이나마 높아진 것이 전적으로 그가 애쓴 덕분이라고는 말할 수 없겠지만, 어느 정도는 우리 광고계가 그의 노력에 빚을 지고 있음을 부정하기는 어려울 듯싶다. 일단 현장의 판을 키워야 결국 광고하는 사람들이 신명이 날 수 있다는 믿음 하나로, 그는 40여 년을 그렇게 보냈다.

얽히고설킨 지식의 거미줄

창의적인 사람들은 여러 면에서 서로 다르지만 한 가지 점만은 일치한다. 즉, 자신이 하는 일을 매우 사랑한다는 사실이다. 창의성 이론에 의하면 체계의 상호 작용을 통하여 창의성을 향상할 수 있다고 하는데, 체계 습득의 중요성에 대하여 발명가이자 전기 공학자인 제이콥 레버노(Jacob Rabinow)는 다음과 같이 설명하고 있다.

창의적인 사고를 하기 위해서는 첫째 엄청난 정보를 가지고 있어야 합니다. 만약 음악가라면 음악에 대해 많이 알아야 해요. 음악을 듣고 기억하고 필요할 경우 따라 부를 수 있어야 합니다. 이를테면, 사막 한가운데서 태어나 생전 음악을 들어본 적이 없다면 베토벤처럼 될 수 없겠지요. 될 수도 있겠지만 결코 쉽지는 않아요. 새들의 노랫소리를 따라할 수는 있

겠지만, 결코 전원교향곡을 쓸 수는 없겠지요. 그래서 엄청난 정보를 저장할 수 있는 그런 환경에서 성장해야 합니다.

__M. Csikszentmihalyi, *Creativity*, HarperPerennial, 1996, 48쪽

평생을 광고 현장의 영역 확장에 주력해온 이기홍은 광고 창의성의 발현에 지식이 가장 중요하다고 강조하였다. 그가 이렇게 확신하는 데에는 레버노의 설명처럼 지식(정보량) 영역이 체계의 상호 작용을 유발하는 가장 중요한 동력이 될 것이라는 현실 인식이 큰 몫을 하였을 것이다.

전문 지식으로 무장하라

직관력에서 창의적인 아이디어가 나온다고 믿는 사람들이 많습니다. 젊은

광고 창작자들이 특히 그래요. 지식이 아이디어 발상에 오히려 장해 요인이 된다고들 생각하는데요.

□◙■ 절대 그렇지 않아요. 책이라는 것은 제목만 봐도 도움이 됩니다. 저는 저녁 먹고 할 일이 없으면 주로 책방에 가요. 공짜로 구경 다니고 이것저것 뒤져보고 그래요. 광고 전략은 결국 크리에이티브로 가시화되지만, 그 이면에 통계학이나 사회학 또는 심리학 같은 복합적인 지식이 들어 있어요. 그런 것들이 결속되고 융합되어 전략이 나오고 크리에이티브로 표현되는데 이 과정에서 지식이 너무 빈약해요. 전략을 바탕으로 만든 광고도 너무 적어요. 코카콜라 보세요. 몇십 년을 어떤 전략에 맞춰가다가 카피 한 줄 바꾸는 데 엄청난 돈을 들여서 조사를 하고, 그 다음에 전략을 수정할 때 또 엄청난 조사를 하고 그러는데, 우리는 전혀 그렇지 못해요.

우리는 일 년에 한 번씩 바꾸기도 하지요.

□◙■ 일 년에 한 번씩 바꾸고, 오너가 봐서 "어, 저건 안 돼. 이렇게 바꿔!" 하면 끝입니다. 이런저런 찰나적인 관행과 눈치보기가 사라져야 해요. 무엇보다 광고와 관련된 지식이 뒷받침되어야 그런 문제들이 해결됩니다.

우리 환경에서는 제임스 웹 영 같은 초등학교 6학년 중퇴자는 대성하기가 어려울까요?

□◙■ 글쎄요. 글 잘 쓰는 문인이 있듯이, 자세히 살펴보면 상품 메시지

를 정말 창의적으로 표현하는 젊은 광고인들이 꽤 있어요. 그러나 전반적으로 볼 때 그런 사람은 아주 드물고 사이비들이 너무 많아요. 왜 사이비가 나오는가 하면 지식이 부족하기 때문이지요. 그런 사람은 겉만 번드르르하지 별로 아는 것이 없어요. 그렇다고 어떤 특정 학문을 전공해서 박사학위를 받으라는 말은 아니고, 적어도 광고를 직업으로 하는 사람은 누구보다 폭넓은 지식을 갖춰야 해요. 문학, 음악, 미술, 연극, 영화, 매체, 경제 등 다방면의 지식을 섭취하기 위해 부지런히 움직여야 해요. 일단 많이 들어 있어야 언젠가는 끄집어내 쓸 테니까요.

광고 규제와 표현의 자유 사이에서 광고 창작자들의 고민이 많아요. 창의성의 발현이라는 맥락에서 어떻게 보십니까?

□■■■ 한계 짓기가 대단히 어려운데, 적어도 광고 창의성을 어디까지 인정해야 하는가와 관련되겠지요. 시인이 시를 쓸 때 시어를 알쏭달쏭하게 구사한 것을 가지고 과장됐다고 말할 수는 없어요. 그런데 상품 광고에서 그렇게 표현하면 문제가 됩니다. 처음부터 목적이 다르니까요. 광고의 표현 윤리가 갈수록 중요해지는데, 광고 심의 기준도 허용될 수 있는 범위가 있고 허용의 범위를 넘어서는 경우가 있어요. 허용의 범위를 자꾸 넘어서는 것을 아이디어라고 생각한다면 엄청난 착각이지요.

전적으로 동의합니다.

□■■■ 허용되는 범위 내에서 차별화되는 아이디어를 내는 것이 진정한

광고 창의성입니다. 그 범위를 넘긴다면 사회 통념상 허용될 수 없는 것들이 많은데, 그렇게 되면 불합리한 광고들이 양산됩니다. 광고 크리에이터들은 자신이 쓴 카피나 아이디어 내용이 옳으냐 그르냐는 판단하지 않고 무조건 제약 조건이 많다는 생각만 먼저 하는 것 같아요. 광고인들은 제약 조건이 많다고만 생각하지 말고, 카피나 디자인이 정말로 소비자를 오도하는 것은 아닌지, 그런 것들을 냉정하게 생각하고 광고 창작에 임해야 해요. 그래야 진정한 전문가라고 할 수 있어요.

그는 광고인들이 전문 지식으로 무장하는 것만이 광고인을 폄하하는 사회적 인식을 바꾸는 견인차라고 보았다. 신문 광고와 방송 광고 현장에 몸담았고 나중에는 독립 광고회사를 경영하게 되지만, 그는 이 과정에서 광고 산업의 기틀을 다지기 위하여 자신이 속한 조직의 이익만을 추구하지 않고 광고와 광고인들이 사회 속에서 인정받는 그날을 진정으로 바라 마지않았던 것이다. 공익 광고의 활성화에 남다른 노력을 기울인 것도 어떻게 보면 부정적인 측면만이 지나치게 부각되던 광고의 기능을 긍정적으로 바꾸려는 노력이 아니었을까 싶다.

그동안 공익 광고의 효과에 대하여 학자들마다 의견이 분분하였고, 그 촌스럽고 교과서적인 메시지에 대하여 광고 창작자들은 경악을 금치 못하였다. 그런데 이제는 우리나라 공익 광고가 상당한 수준에 올라와 있어서 메시지 전달 기법이 뛰어나다고 평가하는 네티즌들도 많은 것을 보면, 초창기에 그가 뿌린 씨앗이 이제야 꽃을 피우는 모양이다.

광고 거래의 합리적 관계는 어떤 모습일까

공익 광고의 활성화를 위해 초창기부터 관여하신 것으로 알고 있는데, 어떤 계기로 관심을 가지셨는지요?

□■■■ 공익 광고에 대해서 할 말이 참 많아요. 1942년 제2차세계대전이 발발하자 미국에서는 참전 여부를 놓고 찬반 양론이 팽팽했는데, 이때 정부의 힘만으로 해결할 수 없는 공공의 문제들이 튀어나오기 시작했어요. 예를 들어, 적십자 활동 같은 문제는 정부나 국민이 독자적으로 해결할 수 있는 사안이 아니어서 판매 촉진수단으로서의 광고 기법을 공공의 목적에 활용하자는 의견들이 나왔어요. 그래서 전시 광고위원회(WAC)가 발족되었는데, 이것이 공익 광고 발전의 시초입니다. 그 후 전쟁이 끝났는데도 정부나 국민이 독자적으로 해결할 수 없는 공공 문제들이 산적했어요. 산불이나 물난리가 났을 때, 이러한 것을 동시에 해결하려고 노력하는 데 동원된 기술이 바로 공익 광고라고 할 수 있어요. 제가 1970년대에 미국에 갔을 때 직접 공익 광고를 보고 언젠가는 우리도 이것을 해야겠다고 생각했었는데, 1980년대 언론 통폐합 무렵 한국일보에서 최초로 시도했어요. 식량 문제나 가족 문제 같은 주제에 대해 논설위원이나 카피라이터에게 카피를 쓰게 하는 형태로 시작했어요.

그때가 처음입니까?

□■■■ 네. 한국일보에서 노인 문제나 식량 문제 같은 공익적 주제에 스

폰서를 붙여서 전면 광고로 냈지요. 그러다가 한국방송광고공사 설립 준비위원으로 제가 참여하면서 전파를 통한 공익 광고도 해야겠다 싶었죠. 그래서 1981년 12월 5일에 우리나라에서 처음으로 전파를 통한 공익 광고를 시작했어요. 저는 공익 광고의 활성화를 위해 실질적으로 뛴 사람 중의 하나인데, 당시 저는 신문사들에게 공익 광고 지면을 무료로 제공해달라고 요청하기도 했었지요.

협조가 잘되었나요?

□■■■ 네. 그래서 처음에는 무료로 나갔어요. 그런데 나중에는 정권 유지 차원에서 신문사에 선심을 쓰기 위해 문화관광부에서 돈을 주기 시작했어요. 그것이 오늘날 공익 광고의 문제점을 야기했다고 봐요. 전파는 무료로 해줬는데 신문사 경영이 어려우니까 지원을 한다는 뜻에서 그랬는데, 당시에 저는 반대를 많이 했습니다. 지면을 무료로 제공받아야 공익 광고로서의 순수한 기능을 유지한다고 보았기 때문이지요. 외국에서는 지면과 시간대를 모두 무료로 제공받아요. 돈을 주면 불순한 목적이 개입될 수 있으니까요. 어쨌든 오늘날까지 공익 광고가 계속되고 있고 상당한 영향을 미친다고 봅니다.

공익 광고의 영향으로 국민 의식도 바뀔까요?

□■■■ 그래요. 제가 무료 공익 광고를 강조한 이유는 방송 이윤의 사회적 환원이라는 점에서였습니다. 우리나라 공중파 방송은 과점이 될 수밖에 없는 상황인데, 과점에서 나오는 이익을 어떻게 쓰는지를 보

세요. 별로 없잖아요? 공익 광고를 무료로 해주면 사회적 환원의 성격을 띠고 이는 곧 건전한 사회의식 형성에 기여하겠지요.

공익 광고뿐만 아니라 광고계 자체의 공익성, 말하자면 광고 산업이라는 파이를 공동으로 키우기 위해서는 공정 거래가 중요한데요. 요즘 프레젠테이션 행태에 대해서는 어떻게 보십니까?

□■■■ 문제가 참 많아요. 많은 방법들이 동원되어 더 힘들어지는 상황인데 광고회사나 광고주 양쪽 모두에게 책임이 있어요. 첨단 지식 산업에 종사하는 광고인으로서의 자존심을 잃어버리면 모든 것이 끝인데 자존심들이 다 무너졌어요. 경쟁이 심하다보니까 그렇기는 하겠지만 해도 해도 너무 심해요. 광고주도 마찬가지예요. 예를 들어, 일년에 10억 원도 집행하지 않는 광고주가 30억이나 50억을 쓴다고 연막을 친 다음에 프레젠테이션에 참여하라고 하면서 대여섯 개 광고회사를 불러요. 그러고 나서 한 번에 결정하지도 않고 두세 군데로 좁혀서 2차 프레젠테이션까지 시켜요. 그런데 마지막에 가서 결국 마음에 드는 광고회사가 한 군데도 없다고 딴전을 피우는가 하면, 한 군데를 결정하고 나서는 떨어진 나머지 광고회사에 리젝션 피(rejection fee)도 주지 않아요.

한마디로 소송감이죠.

□■■□ 맞아요. 광고 거래에 있어서 보다 합리적인 관계를 어떻게 정립시킬 것인지가 앞으로 우리 광고 산업이 당면한 최대의 과제라고 봐

요. 광고회사 역시 갈수록 부익부 빈익빈 현상이 지배하겠죠. 미국식 자본주의 시장경제 원리가 적용되니까 어쩔 수 없지만, 광고주들이 좀 더 현명하게 판단하고 관심을 가져야 해요. 프레젠테이션 평가 방식에 있어서 커다란 맹점이라면, 광고주 쪽에서도 전문가가 전문 분야를 맡아서 심사를 해야 하는데 그렇지 못한 점이죠. 프레젠테이션 현장에 가보면 광고를 전혀 모르는 임직원들을 죽 불러놓고 투표하라고 하는데, 참 잘못된 제도라고 봐요. 차라리 FGI(Focus Group Interview: 집단초점면접)를 해서 소비자를 대표로 불러놓고 평가를 맡기는 것이 더 합리적인 방안이겠지요. 작금의 거래 관행을 보면 비과학적이고 비합리적인 것들이 너무 많은데, 이에 대한 뾰족한 해결책은 나오지 않고, 개선되기는커녕 점점 더 개악되고 있어요.

별다른 개선 방안은 없나요?

□■■■ 기본적으로는 한국광고업협회에서 좀더 노력을 해줘야 한다고 봅니다. 무작정 시간이 지나면 좋아지겠지 하며 기다릴 것이 아니라, 협회에서 적극적으로 개입해서 실질적인 대안을 제시해야 해요. 프레젠테이션 결과를 보면 아이디어나 창의성만으로 결정되지 않는 사례가 너무 많아요. 한국광고업협회의 중재와 대책 마련이 어느 때보다도 중요하고 절실합니다.

그는 광고 거래에 있어서 합리적인 관계를 정립하는 것을 우리 광고 산업이 당면한 최대의 과제로 보았는데, 이는 곧 광고업계가 건전한 사회로 가는 지름길이라고 할 것이다. 비록 그 길이 험난하고 요원하다 할지라도 반드시 이룩해야 할 지상 과제인 것이다. 그는 이러한 문제들을 해결하기 위해 앞으로도 스스로의 일을 찾을 것이라고 다짐하였다.

지금까지 신문 광고와 방송 광고 분야를 거쳐 광고회사 경영도 하시고, 그동안 여러 가지 일들을 해오셨는데, 결국 어떤 사람으로 기억되고 싶으세요?
□■■ 글쎄요. 광고 크리에이터나 광고 기획자로 남기는 어렵겠지요. 저는 적어도 광고 산업 발전의 이론과 토대를 구축한 광고 관리자로 기억되고 싶습니다.

그 말 많은 광고계에서 혼자 광고 산업 발전 다 시켰느냐며 지저귀거나 도대체 전문 영역이 뭐냐며 입방아를 찧는 참새들이 많을 텐데요?
□■■ 상관없어요. 어쨌든 광고 산업 발전의 토대를 구축하는 데 제가 역할을 많이 해왔으니까요. 한국방송광고공사 설립 당시에도 방송 광고 영업 제도라든가 광고회사의 대행 수수료 인정 제도라든가 하는 것들을 공무원들과 싸워가며 정착시켰으니까요. 앞으로도 광고인들이 모두 혜택을 볼 수 있는 산업 인프라를 구축하는 데 뭔가 해보고 싶은 일들이 많아요.

연세가 있으신데 앞으로도요?
□■■ 그래도 좀 더 해야지요. 나이가 무슨 상관입니까?

젊은 후배들한테 남기고 싶은 말씀은?

저는 광고회사의 젊은 CEO에게 할 말이 많습니다. 자기 역할은 어떤 조직 속에서 한시적으로 평가받을 수 있어요. 그러나 적어도 전문 광고인이라면 우리나라 광고 산업 발전에 기여해야 다른 의미에서 높은 평가를 받을 수 있다고 봅니다. 자신이 소속된 조직에서 흑자가 많이 나고 영업이 잘됐다고 해서 평가받는 것에 만족하지 말고 적어도 자기가 종사하는 산업 전반에서 평가받을 수 있는 그런 역할을 해 달라는 부탁을 하고 싶어요. 그러다보면 때로는 이익이 조금 감소될 수도 있고 손해를 볼 수도 있는데, 인생을 살다보면 당장에는 약간의 손해를 보는 것 같지만 길게 보면 결코 손해가 아닌 경우가 많아요. 다들 조금 더 길게 봤으면 해요.

모두들 자기 조직의 일에만 너무 급급해하다보니까 그런 것을 전혀 생각하지도 못하고 역할을 하지도 못 해요. 후배들을 위해서나 자신의 노후를 위해서나 바람직하지 못합니다. 지금 현업에서 능력을 발휘할 수 있는 젊은 광고인들이 조금 더 폭넓은 시각을 가졌으면 합니다. 그리고 새로 시작하는 사람들에게는 광고인이 되기에 앞서 지식인이 되어야 하며 직업적 자존심을 구기지 말라는 말을 드리고 싶어요. 자존심을 잃어버린 사람들이 너무 많아요. 하다못해 서커스를 하는 곡예사도 줄타기 전에 밑에 그물을 치겠다고 하면 망을 거두라고 합니다. 전문성을 지키려는 최소한의 자존심이겠지요. 광고인 역시 그냥 열심히 하고 최선을 다했다는 것만으로는 턱없이 부족하겠지요.

나이와 창의성의 관계에 대해서는 학자들마다 견해가 다르다. 어떤 연구에서는 창의성이 30대에 절정을 이루며 60대가 넘어서 중요한 성과를 이룰 확률은 10퍼센트 이하라고 보고하는가 하면, 어떤 연구에서는 오히려 만년에 탁월한 업적을 남길 가능성이 크다고 한다. 인생의 후반기에 가장 주목할 만한 성과를 이룬 사례로 베르디나 벤자민 프랭클린 또는 프랭크 로이드 라이트가 자주 언급된다. 베르디는 80세에 그의 최고 걸작 중의 하나인 「폴스타프」를 작곡했으며, 벤자민 프랭클린은 78세에 다초점 안경을 발명하였고, 프랭크 로이드 라이트가 그의 대표작으로 손꼽히는 구겐하임 박물관을 완공했을 때는 91세였다.

이기홍의 경우도 마찬가지다. 물론 그는 저명한 예술가는 아니지만, 나이가 많다는 이유만으로 그가 앞으로도 우리 광고 산업 발전에 이바지할 일이 많다는 것을 부정할 근거는 어디에도 없다.

그가 생각하는 광고 창의성 개념은 사회 현상과 소비자에 대하여 풍요롭게 '얽히고설킨 지식의 거미줄'이다. 거미줄이란 나중의 쓸모를 내다보고 미리 집을 짓는 인프라 구축의 의미를 갖지 않겠는가. 뻗쳐 있는 곳이라면 마음 가는 대로 갈 수 있는 지점, 또한 먹이(지식)를 저장해놓았다가 필요할 때면 언제라도 꺼내먹을 수 있는 창고, 그것이 거미줄이 갖는 상징성이 아니겠는가. 그렇기 때문에 그가 광고의 판을 키우려고 시도한 이런저런 성과들은 거미가 나뭇가지 사이에 거미줄을 치듯이 한국 사회 속에 광고 산업의 인프라를 구축하려는 노력으로 해석할 수 있겠다. 그는 앞으로도 얼마든지 우리 광고 산업의 발전을 위하여 많은 일을 할 수 있을 것이다. 아니, 우리가 그에게 부담을 주면 줄수록 그가 더 큰 책임감으로 받아들이기를 기대한다. 창의적인 사람들이 자신의 일을 몹시 사랑했듯이 그 역시 자신이 걸어온 광고 일을 너무나 사랑하였기에, 그것은 그러하다.

광고 기획

정통파의 전투력

김세민

얼음의 도가니에 이글거리는 불길
코드의 발견과 공감대의 확산

1949년생. 서울대 천문기상학과 졸업 및
고려대 경영대학원 수료. 합동통신사(오리
콤 전신) 광고기획실의 첫 공채사원. 이후
DY&R, 선연, 베리컴에서 일하는 동안 광
고 기획 분야에서 일가를 이뤘다. 그만의
광고 창의성 개념인 '코드의 발견'을 바탕
으로 광고주, 광고 창작자, 소비자와 코드
를 맞춰 공감의 지평을 넓히고자 했다.

애매하고 비논리적인 정신 구조는 크리에이티브의 길을 넓혀주는 확실한 토대이다.

얼음의 도가니에 이글거리는 불길

"나는 결코 인도주의자가 될 생각이 없습니다."

신입사원으로 입사해서 오랜 세월 광고 기획을 주도해온 김세민은 어느 광고회사에 임원으로 부임하면서 사원들 앞에서 이렇게 첫인사를 했다. 첫 만남을 이런 모양새로 하는 사람이라면 그는 대단한 실력을 갖춘 전문가이거나 지레 겁부터 주고 보는 멍청이이거나 둘 중 하나이리라. 공개석상에서 하는 약속이란 결국 자기 자신에게 더 가혹한 자세를 요구하는 스스로의 다짐일 터이다. 그런 협박성 언사에 위축될 만큼 결코 순진하지 않은 광고회사 사람들 앞에서 자신이 물렁물렁하게 일 처리를 하지 않겠다고 발언하는 데에는 실력으로 무장된 오기와 뚝심이 그만큼 뒷받침되었기 때문이리라.

1974년 7월 30일, 합동통신사 광고기획실(오리콤 전신)의 첫 공채사원으로 입사하여 25년 이상을 현장 AE(account executive)로 보낸 김세민은 언제나 그렇게 강렬한 인상으로 사람들과 만났다. 언제나 그는, 그렇게 만났고, 만나서 눈치보지 않았고, 헤어지는 순간 더욱 강한 인상을 남겼다. 때로는 자기 주장이 너무 강해서 휘발유를 끼얹고 불길 속으로 들어가는 상황이 벌어져 주변에 적잖은 오해를 불러일으키는 경우도 있었다. 그러나 그의 '삣대'가 사랑을 표현하는 또 다른 방법이었음을 시간이 지날수록 새록새록 느끼는 후배들은 그의 숨은 실력과 드러나지 않은 인간미 그리고 창의적인 맥락을 사랑하며, 오늘도 그의 주변으로 모인다.

컨셉트가 있는 광고를 만들라

신입사원으로 입사해서 지금까지 광고 기획을 하셨는데, 창의적인 안목이 뛰어나다는 평가를 받고 있습니다.

□■■■ 하하. 그렇게 생각해요?

네. 스스로 나도 '한 칼' 있구나 이런 느낌을 받으실 때는 언제셨어요?

□■■■ 거의 없어요. 다만 크리에이티브 쪽에 이런저런 대안들을 제시한 적은 있어요. 기획자가 단지 전략만 짠다고는 생각하지 않았으니까요. 예를 들어, 「사람들이 좋다 OB가 좋다」 같은 카피를 제가 쓰지는 않았어요. 저는 기획자이지 카피라이터는 아니니까요. 그런데 이 카피가 나오기 전에 카피라이터 조문형이 써온 카피를 보니 전부 '아

니올시다' 였어요. 마케팅의 어떤 과제라든가, 그동안 해오던 광고 캠
페인의 흐름이라든가, 소비자의 기대 수준에 비춰봐도, 모두 수준 미
달이었으니까요. 그가 여러 대안을 제시했지만 내 눈에는 전부 아니
었어요. 그래서 광고주에게 양해를 구해 프레젠테이션을 한 달 가량
연기하고 수차례 방향을 제시하며 그에게 다시 써보라고 했지요. 거
의 막판에 「사람들이 좋다 OB가 좋다」가 나오자, 됐다 싶었어요. 나
중에 평판이 좋은 것을 보고, 내가 직접 쓰거나 만들지는 않지만 크리
에이티브를 보는 안목은 좀 있구나, 이렇게 생각한 적은 있지요.

회의에 참석해서 짬짬이 아이디어를 내시잖아요?

□■■□ 아주 가끔씩 그래요. 너무 오래되서 기억하는 사람이 있을지 모
르겠지만 삼익피아노 광고 같은 경우는 거의 제 아이디어라고 생각해
요. 물론 그때 카피라이터가 따로 있었지만, 「현이 13센티미터 더 길
어서 깊고 풍부한 소리」 같은 카피도 거의 제가 썼다고 해도 과언이
아니고요. 그리고 커머셜 만들 때도, 깊고 풍부한 소리를 낼 수 있는
소품을 찾아서 그걸 전달하자, 그런데 상대는 아줌마들이다, 피아노
를 사는 엄마들이 알아듣기 쉽게 전달하자, 피아노의 어떤 부분이 왜
깊고 풍부한 소리를 내는지에 대해서 알아듣기 쉽도록 실제로 학교에
서 하듯이 모형 실습 도구를 만들어서 보여주자, 그렇게 해서 똑같은
현을 하나는 길고 하나는 좀 짧게 해 간이 실험기구를 만들자는 아이
디어를 내서 커머셜의 키 비주얼로 썼어요. 그리고 소리나게 하는 향
판을 두드리는 해머도 언뜻 보면 나무같이 생겼는데 그게 나무가 아

김세민은 창의적인 안목이 뛰어나다는 평가를 받고 있다. 그는 기획자이지만, 기획자가 단지 전략만 짠다고 생각하지는 않는다. 예를 들어 OB 맥주 광고의 경우, 카피라이터가 써온 카피가 여러 면에서 수준 미달이라고 보고, 광고주에게 양해를 구해 프레젠테이션을 한 달 가량 연기했다. 그리고 카피라이터에게 수차례 방향을 제시하며 카피를 다시 고칠 것을 요구했다. 거의 막판에 「사람들이 좋다 OB가 좋다」가 나오자, 그는 '이제 됐다' 라는 생각이 들었다고 한다. 실제로 OB 맥주 광고는 사람들에게 좋은 평판을 받았다.

니고 양의 앞가슴 털이라는 겁니다. 그것을 압축해서 양털로 만들었다, 그러니까 더 깊고 풍부한 소리가 난다는 점을 실제로 양털을 보여줘서 설득하자고 했어요. 그러면 소비자들이 얼마나 부드럽고 그윽한 소리가 나오는 것으로 느끼겠어요? 이런 아이디어를 내서 제시했는데 한 편밖에 제작 못 했어요. 그 나머지는 광고주가 경쟁사들이 따라서 하니까 하지 말자고 해서 결국 못 했어요. 어쨌든 반응이 있었고, 아이디어를 냈을 때 소비자들이 따라왔다는 사실에 좀 고무되기는 했어요.

광고인이라면 누구나 다 마찬가지겠지만 사장님은 유난히 컨셉트를 따지는 것으로 유명합니다. 사장님이 생각하시는 광고 컨셉트란 도대체 어떤 겁니까?

■□■■ 설명하기가 쉽지 않은데, 광고 메시지의 뼈대라고 할 수 있어요.

좀 구체적으로 말씀해주시지요.

■□■■ 예를 들어, 하나의 악보가 있는데 연주자들마다 그 악보를 연주하는 스타일이 다르고 나오는 음들이 조금씩은 차이가 있잖아요.

그러니까 소비자가 관객이라면 악보가 컨셉트고 카피가 실제 연주음이라 할 수 있을까요?

■□■■ 악보 자체가 아니라, 말하자면 어떤 곡에 처음부터 끝까지 담겨있는 사상이 컨셉트라고 할 수 있어요. 연주자들은 그 사상을 풀어내

기 위해, 예를 들어 제1바이올린과 제2바이올린은 이렇게 하고, 비올라 파트는 이렇게 하고 목관 파트는 이렇게 하고, 그때 목관에서도 오보에는 이렇게 나가고 클라리넷은 저렇게 나가고 그렇잖아요? 제2바이올린 파트를 중요하게 생각해서, 광고로 말하자면 그 부분을 카피로 보느냐 아트로 보느냐는 사람에 따라 생각이 다를 수 있지요. 하지만 전체적으로 보면 처음부터 끝까지 그 곡에 담긴 사상이 컨셉트라고 봐요. 나아가서 여기는 스타카토로 끊어줘라, 이 부분에서는 모데라토로 가라, 뭐 이런 것들은 크리에이티브의 지침이라고 할 수 있겠지요.

어떻게 컨셉트를 극대화시킬 것인가

그는 컨셉트를 중시하면서도 단지 컨셉트를 도출하는 것으로 기획자의 임무가 끝났다고는 보지 않았다. 그 컨셉트를 어떻게 하면 극대화할 수 있을 것인지를 남몰래 고민했다. 자칫하다가는 당시의 분위기에서 남의 영역을 넘본다는 오해를 받을 수도 있었는데, 그는 아이디어를 내는 데 어찌 기획팀 창작팀이 따로 있겠느냐는 생각이었다. 가끔 그의 아이디어가 채택되어 큰 반향을 불러일으키기도 하였다. 예컨대, 그런 사례로 1981년 6월 무렵 한국플라스틱공업주식회사의 신제품인 골드륨 론칭 광고를 들 수 있다.

지금은 사정이 달라졌지만 당시 기업 정서로는 최고 경영자가 광고에 직접 출연하는 것이 매우 해괴한 일이었다. 이런저런 아이디어가 무산되고 다시 광고주와의 회의가 시작되자 당시 김세민 차장은 외국 사례를 말하면서 서재식 사장의 출연을 제의한다. 처음에는 매우 부정적인 반응이었으나 나중에 광고주 쪽의 사장이 흔쾌히 동의하여 광고가 완성된다. "안녕하십니까? 한국플라스틱의 서재식입니다. 그동안 PVC 업계를 이끌어온 저희 한국플라스틱이 이번에 미국 콩고름과 손잡고 패션 플로어 골드름을 생산하게 되었습니다. 회사의 명예를 걸고 특히 품질에 최선을 다했습니다. 애용해주십시오. 감사합니다." 이 광고는 한국 광고사상 최초로 최고 경영자가 직접 광고에 등장했다는 점으로 인해 광고계뿐만 아니라 사회적으로도 큰 화제를 불러모았고, 결국 신상품의 인지도 제고에 크게 기여한 것으로 평가받고 있다(『오리콤 30년 광고이야기』, 1997, 154-155쪽). 이런 결과는 컨셉트에 알맞게 크리에이티브의 지침을 모색한 그의 순발력이 있었기에 가능했다.

또한, 마주앙이 대중적인 브랜드로 떠오를 수 있는 계기를 마련한 데에도 그의 순발력은 유감없이 발휘되었다. 마주앙이 출시된 이후 'Wine'이라는 제호가 붙은 예쁜 책자를 여론 선도자가 될 만한 사람들에게 DM 형식으로 보내 관심을 유도하고 있을 무렵, 「워싱턴 포스트」지에 마주앙을 격찬한 칼럼이 실렸다. 이를 본 그가 특히 외국에서 인정했다고 하면 약해지는 우리네 소비자 심리를 놓칠 리 없었다. 그래서 창작팀에게 이 소재를 광고로 활용하자고 제안했고, 그렇게 해서 나온 것이 「워싱턴 포스트지, 마주앙을 '신비의 술'로 격찬」이라는 헤드라인이다.

사실 그 칼럼 내용을 자세히 읽어보면 별 대수로운 내용이 없다. 마이

마주앙이 대중적인 브랜드로 떠오를 수 있는 계기를 마련한 데에도 김세민의 순발력은 유감없이 발휘되었다.

마주앙이 출시된 이후 「워싱턴 포스트」지에 마주앙을 격찬한 칼럼이 실렸다.

이를 본 그가 특히 외국에서 인정했다고 하면 약해지는 우리 소비자 심리를 놓칠 리 없었다.

그렇게 해서 나온 것이 「워싱턴 포스트지, 마주앙을 '신비의 술」로 격찬」이라는 헤드라인이다.

사실 그 칼럼 내용을 자세히 읽어보면 별 대수로운 내용이 없다.

그러나 그는 의미 없이 지나칠 수 있는 것을 놓치지 않고 광고에 활용할 좋은 기회로 삼았다.

이러한 그의 시도는 언제나 그렇듯이 있는 사실을 잘 표현된 진실(well-told truth)로 포장한 것이라 할 수 있다.

클 모이니한이라는 미국 칼럼니스트가 취재를 위해 한국에 왔다가 우연히 마주앙을 마셨는데 그 맛에 취해 기념으로 두 병을 가져갔다는 것이다. 가져간 두 병 중에서 한 병을 와인 감식가 레이 가르시아와 함께 마셨는데 그 친구가 마주앙을 신비의 맛이라고 극찬했으며, 나머지 한 병은 한미관계가 부드러워지는 날 기분 좋게 따서 마시겠다는 내용이었다. 당시는 박동선 사건으로 한미관계가 복잡할 때였는데, 그는 그것을 놓치지 않고 광고에 활용할 좋은 기회로 보았다. 사실 그의 시도는 허위나 과장이 아니라 언제나 그렇듯이 있는 사실을 잘 표현된 진실(well-told truth)로 포장한 것이라 할 수 있다.

광고를 살리는 기획, 광고를 망치는 기획

광고 기획에도 창의성이 필요한데, 주변에서는 어떻게들 평가하셨나요?

□■■ 뭐라고 말하기 어렵네요. 자화자찬이 되는데, 다만 기획서 위주로 말하자면 똑 소리 나게 잘 쓴다, 그런 소리는 들었어요.

창의적인 AE가 되고자 스스로 어떤 노력들을 하셨습니까?

□■■ 광고에 대한 기초 지식은 책도 읽고 일하면서 배웠고, 새로운 제작 기법 같은 것은 주변에 물어서 배웠고, 아트 쪽은 어려서 그림 공부를 한 것이 많은 도움이 되었어요. 직장에 다니면서도 짬짬이 연극도 보러 다니고 콘서트 같은 것이 있으면 가급적 가보려고 노력했어요.

사람마다 좀 다르겠지만 광고 창의성에 영향을 미치는 것들이 있는데, 창의적인 광고를 만드는 데 무엇이 가장 중요하다고 보세요?

▫▪▪▪첫째는 시간이에요, 시간.

시간이요?

▫▪▪▪우리나라 광고주라는 사람들이 그렇게 여유 있게 시간을 주지 않아요. 항상 번갯불에 콩 볶아 먹듯이 급해요. 그렇다면 크리에이터들이 무슨 생각을 하겠어요? 그 시간에 아이디어나 소비자 심리를 생각하느니 차라리 광고주의 취향을 생각하겠지요. 시간이 없으니까 한방에 광고 시안이 팔려야 되고, 그래서 AE가 서두르면 아무것도 안 되지요. 마찬가지로 광고회사에 있는 사람들도 그래요. 어쩌다 시간을 많이 줘도 대개 앞 시간들을 많이 까먹어요. 뭐라 그럴까, 워밍업이 안 되어 그렇다는 둥 하며, 하여튼 많이 까먹다가 꼭 막판에 몰려서 처리해요. 그러나 원래가 시간을 많이 안 주고 시작하는 경우가 많은 것이 가장 큰 문제라고 할 수 있어요. 그 다음은 본인의 노력이 가장 중요해요. 내가 리뷰하면서 자주 느끼는 점인데, 예를 들어, 광고 컨셉트를 그대로 헤드라인으로 써놓은 것을 뭐라고 지적하면, 후배들이 "이게 얼마나 스트레이트(straight)하고 강합니까?" 하며 반문하는데, 정말 어이가 없어요. 말도 안 되는 카피를 쓰고도 별로 노력을 안 해요. 세 번째로는 리뷰하는 사람이 광고 컨셉트를 얼마나 제대로 이해하고 보다 업무 지향적인 시각에서 평가를 하느냐의 문제지요. 그래서 리뷰하는 사람의 안목과 자질이 굉장히 중요하다고 봐요.

아무리 좋은 아이디어라도 리뷰에서 잘라버리면 끝이지요.

□■■ 맞아요. 결국 충분한 제작 기간, 본인의 노력, 그리고 리뷰하는 사람의 안목과 자질이 창의성 향상에 영향을 미친다고 봐요.

사장님 개인에 관한 질문을 하겠습니다. 저도 사장님 성격을 잘 알지만 스스로 어떻다고 생각하십니까?

□■■ 성격? 뭐 소문대로 아주 거지 같잖아요. 하하. 악평이라면 악평이고 지랄 같다면 지랄 같은데, 사람에게 개인적인 감정이 있어서가 아니라 오로지 일 때문에 그런 거지요.

흔히 외향적이다 내향적이다, 논리적이다 감성적이다, 이런 기준들이 있잖아요? 이런 맥락에서 본인의 성격은 어떻다고 보십니까?

□■■ 글쎄요. 좀 야누스적이라고 할까요? 외향적인 면이 좀더 강해요. 마음속에 뭘 담고 있지 못하니까. 하고 싶은 말은 해버려야지 그냥 속에 담고 있으면 못 견뎌요. 제가 논리적이냐 감성적이냐 하는 문제는 반반인 것 같아요. 논리적인 부분도 어느 정도 추구하는데 크리에이티브 리뷰할 때 내가 대안을 제시하면 후배들이 감성적이라고 그래요.

실무자일 때와 경영자일 때의 업무 스타일이 다를 듯한데 어떠세요?

□■■ 실무자일 때는 하여튼 이거다 싶으면 다른 생각은 안 했어요. 남들이 뭐라고 해도 말을 잘 안 들었으니까요. 하지만 임원이 되고 나서

는, 뭐 세월이 가르쳐준 거겠지만, 내 생각만이 꼭 옳지는 않을 것이다, 내가 하고자 하는 목적만 분명히 하자, 이렇게 생각해요.

실무자일 때 그만큼 자신이 있으셨습니까?
□■■■ 무식이 용맹이라고 꽤나 설쳤어요. 누가 이렇게 저렇게 지적을 하면, 당신 나만큼 생각했어?, 이렇게 배짱을 부리고 그랬어요. 나중에 보면 상당 부분 제 판단이 옳은 것으로 확인되었지만요.

사람마다 일하는 스타일이 다르잖아요? 어떤 사람은 늘 열심히 하는가 하면, 어떤 사람은 낮에는 거의 회사에 없다가 밤이 되면 술 먹고 나타나서 좋은 아이디어를 내기도 하고, 또 어떤 사람들은 자료를 철저히 응용해서 아이디어를 내구요. 어떻게 일반화하기는 어렵겠지만, 어떤 사람이 창의적인 광고를 잘 만들 수 있다고 보세요?
□■■□ 콕 찍어서 말하기는 어렵겠지요. 모차르트와 베토벤을 예로 들면, 모차르트는 앉은 자리에서 곡을 다 쓰지만 베토벤은 두고두고 가필과 수정을 거쳐서 훌륭한 곡 하나를 만들잖아요. 누가 더 뛰어나다고 말하기가 어렵듯이 어떤 방법이 효과적이라고 하기는 어려워요. 크리에이터가 아무 생각 없이 그냥 술 먹고 떠들며 충동적으로 문제를 해결하면 무의미하겠지요. 바람직하지 않아요. 자기가 그 문제에 대해 계속 생각을 거듭할 때, 더 좋은 아이디어가 나올 수 있다고 봐요. 나 같은 AE 입장에서 점수를 준다면 고심하면서 일하는 쪽이 좀 더 낫다는 생각이 들지만, 근본적으로는 둘 다 비슷하다고 봐요.

학창 시절의 전공 영역과 창의적인 능력이 어떤 관련이 있을까요?

□■■■ 글쎄, 큰 연관이 있다고 보지는 않아요. 100미터 달리기에 비유하면, 인문학을 했건 사회과학을 했건, 어떤 사람은 1미터 앞에서 뛰고 어떤 사람은 10미터 앞에서 뛰는 것인데, 크리에이티브의 출발 지점만 조금 차이가 있을 뿐 마지막엔 자기 하기 나름이지요. 앞서 나갔다고 해서 결승선에 꼭 먼저 들어오란 법은 없어요. 개인이 얼마나 노력하고 창의성 향상을 위해 생각을 많이 했느냐가 중요하지, 전공은 별 상관이 없다고 봐요. 오길비가 언제 광고 크리에이티브를 배워서 했나요?

그는 인터뷰 중에도 많은 비유를 들어서 자기 생각을 설명하였다. 실제로 그는 비유와 과장이 광고 크리에이티브의 길을 넓혀준다고 본다. 광고 기획자 출신답지 않게 광고물이 상품 판매를 위한 수단이라고만 보지 않는 그는 크리에이터들이 갖는 애매하고 비논리적인 정신 구조를 확실하게 인정하는 몇 안 되는 사람이다.

세상은 논리적으로 돌아가지 않는다. 악화가 양화를 구축하고, 불합리가 합리를 누르며, 공허한 권위가 치밀한 논리를 제압할 때가 있는 것이다. 사람들은 그것이 인생이라고 말하기도 한다. 그래서일까? 논리의 치밀함이 누구보다도 뛰어난 그는 상품과 시장과 소비자에 대하여 분석한 후 가장 구체적이며 현실적인 해결책을 제시하면서도, 광고 표현만큼은 논리 이상의 그 어떤 아름다움이 묻어나야 한다고 본다. 이는 화가가 되고 싶어 학창 시절에 그림을 그렸다는 그의 오래전 꿈과 어떠한 내적인 상관관계가 있는 듯하다.

　　그렇기 때문에 김세민은 광고 전략 분야에서 대가의 반열에 있으면서도 광고 표현의 아름답고도 애매한 세계를 인정한다. 그렇게 그는 광고 창작자들의 느낌 팍~ 오지 않느냐는 지극히 비논리적인 사고 체계에 깡그리 동의해버리고, 그들의 지독한 우수(憂愁)마저도 사랑한 나머지 밤늦도록 젊은 후배들과 술잔을 기울이고 있는지 모른다. 그런 그의 정신세계를 가리켜 꽁꽁 언 얼음의 도가니 속에서 불길이 이글거리는 형국이라 할 수 있을 것이다.

코드의 발견과 공감대의 확산

카피를 광고 메시지의 등뼈라고 한다. 이는 영상이나 그림이 덜 중요하다는 뜻이 아니다. 인간이 언어적 커뮤니케이션을 통하여 상징적 상호 작용을 하는 경우가 많기 때문에 광고의 설득력도 카피 파워가 더 큰 영향을 미친다는 것을 의미한다. 김세민은 소비자가 최종적으로 기억하는 것은 카피 한두 마디라며 카피 파워를 특히 강조하고 카피라이터의 영역을 존중하고 사랑해왔는데, 카피에 대한 그의 생각을 들어보자.

카피 단상

여러 책들을 보면 카피의 법칙을 말하고 있는데 과연 카피에 법칙이 있을 수 있는지 의문입니다. 어떻게 생각하세요?

□■■한 가지는 있다고 봐요. 길지 않았으면 좋겠다는 것이 제 가이드 라인입니다. 오길비는 길어도 상관없다고 했지만 저는 짧으면 짧을수록 기억하기 쉽다고 봐요. 헤드라인이 특히 중요한데 어떻든 공감이 가야 해요. 공감이 없으면 절대 안 돼요.

어리석은 질문인데, 카피 창작 과정은 과학입니까 예술입니까?

□■■누가 뭐래도 저는 100% 예술이라는 입장입니다. 카피를 쓰기 이전에는 과학적 사고가 지배할 수 있지만, 카피가 나올 때는 예술적 자질이 다분히 있어야 해요.

카피라이터 중에는 디자인을 잘 이해하는 사람도 있고, 또 디자이너 중에서도 카피를 제법 잘 쓰는 그런 사람들이 있잖아요. 뭐랄까, 상호 보완적인 협력관계가 중요하다고 보는데 어떻게 생각하세요?

□■■자기 몫이나 똑바로 하라며 상대방 영역은 전혀 건드리려 하지 않는 경우가 있는데 그러면 안 돼요. 서로의 요구 사항을 자유롭게 말할 수 있는 분위기가 만들어져야지요. 이런 카피가 더 낫지 않을까, 이런 그림이었으면 좋겠다, 식으로 서로 기탄없이 대화하며 어느 부분에서 합일점을 찾아야 해요. 수세적인 입장을 취하며 괜히 자기 영역만 보호하려고 하면 결코 좋은 광고가 나올 수 없어요.

어떤 사람은 TV 광고에 강하고 어떤 사람은 인쇄 광고에 강한 것 같습니

다. 어째서 이런 차이가 날까요?

　□■■사고가 자유분방해서 어떻게 보면 두서없이 황당무계하고 난잡한 듯한 친구들은 TV 광고에 더 적응이 빠르고 그쪽에 강점을 보이죠. 비교적 논리적이고 정적이며 생각이 정리된 친구들은 인쇄 광고 쪽에 강한 것 같아요. 내가 지금까지 경험해본 친구들은 그런 차이가 있어요.

카피라이터 역시 누구는 커머셜에 강하고 누구는 인쇄에 강하다는 평판을 받기도 하는데, 카피 창작에도 그런 차이가 있나요?

　□■■분명 차이가 있어요. 논리성을 추구하는 친구들은 대개 인쇄 광고 카피에 강하고, 그냥 생활 자체가 자유분방하고 그런 친구들은 커머셜 쪽에 강한 듯싶어요. 그러나 결국 캠페인 주제나 슬로건처럼 길게 끌고가는 측면에서는 큰 차이가 없겠지요. 전제적인 구성이나 사이사이에 재미있는 요소를 만드는 능력에 조금 차이가 있을 뿐이지, 결국 캠

페인 라인을 끌고가는 데에는 인쇄나 커머셜 쪽이나 같다고 봐요.

저는 학기 말이면 늘 자괴감에 빠집니다. 과연 카피라는 것이 가르칠 수 있는 영역인가, 또 어디까지를 교육의 효과로 볼 것인가, 때문에 늘 고민이 많습니다. 카피 교육은 어떻게 하는 것이 좋을까요?

□■■ 도제 시스템이 필요해요. 무식할 정도로 계속 쓰게 해야지요. 어떤 상황을 제시하여 거기에 맞게 카피를 써보게 하고 그런 상황을 자꾸 되풀이하고 결과에 대해 비판을 해줘야 발전이 있어요. 교과서에 나오는 법칙들을 외워서 될 일이 아닙니다. 여러 가지 사례 연구를 하는 것도 필요하다고 봐요. 그러나 단순한 말장난은 조심해야 합니다. 요즘 카피는 말장난이 너무 심한데, 그런 것은 카피도 아닙니다. 동음이의어로 장난을 친다든가 영어식 발음을 우리말로 바꾸는 말장난이 어떻게 소비자를 감동시킬 수 있겠어요? 말초적인 재미를 줄지는 몰라도 브랜드 자산의 구축과는 무관해요. 단순히 말장난만 하는 카피라이터를 보면 정말 때려죽이고 싶을 때가 많아요.

카피라이터들이 100미터 출발선에서 똑같이 시작하는데, 가다보면 차이가 많이 납니다. 카피 파워를 높일 수 있는 비결이 따로 있을까요?

□■■ 우선 논리적으로 사고하는 힘을 길러야 하고, 그 다음에 자기만의 피나는 노력을 해야지요. 그 노력이란 무조건 쓰라는 것이 아니라 인간 행동에 대해 성찰하는 시간을 많이 가져야 한다는 뜻입니다. 사람을 관찰하며 왜 그럴까 자꾸 생각해야 하는데, 어떻게 보면 그 과정

에서 뭐가 나온다고 할 수 있어요. 좀더 구체적으로 말하자면 소비자 행동에 대한 성찰이 없으면 절대로 좋은 카피를 못 써요.

어떤 사람들은 천재인 척하며 술김에 탁~ 영감이 떠올라 한 카피 날린다고 하는데요.
□■■■ 그럴 수도 있겠지만 마케팅 커뮤니케이션 과제를 숙지하지 않고 골똘히 생각하지도 않았는데 어느 날 갑자기 떠오른다는 것은 있을 수 없어요. 좋은 카피는 고민의 연장선상에서 나온다고 봐요.

인간 행동에 대한 성찰과 피나는 노력이 카피 파워를 향상하는 지름길이라고 보는 그는 창의적인 능력을 발견하는 능력으로 본다. 즉, 인간과 사물에 대한 섬세한 관찰과 성찰이 잠재되어 있던 그 무엇을 밖으로 드러나게 하며, 보는 사람으로 하여금 새로운 의미로 받아들이게 한다는 것이다.

그 역시 부국장 당시 현장 AE의 고달픈 일상 속에서도 일찍이 판매 촉진의 중요성에 눈을 뜬다. 그래서 짬짬이 번역에 매달려 슐츠(D.E. Schultz)와 로빈슨(W.A. Robinson)의 『세일즈프로모션의 12기법』(1986)을 번역하였다. 단 한 줄이라도 이해되지 않으면 옮기지 않는다는 각오로 한 해가 넘게 매달린 결과 오리콤 광고 신서 열두 번째 책으로 나왔는데, 책의 꼴이나 내용이 지금 보아도 참 쓸 만하다.

이 책은 흔히 들어온 말이면서도 막상 시작하려고 하면 어디서부터 손을 대야 할지 막막할 때가 많은 세일즈 프로모션 분야에 새로운 관점과 지식을 제공하였다. 그는 역자 서문에서 "필요 이상으로 까다롭고 엄격한 규제는 더욱더 교묘하고 간교한 판촉 활동을 조장하는 결과만 초래하기 때문에 사실은 규제가 별 의미를 갖지 못한다"(8쪽)고 밝히고 있다. 이러한 그의 생각은 판촉에 대한 규제와 창의적인 아이디어의 시소게임 중 창의성에 무게 중심을 둔 것이다.

만들지 말고 찾아라

창의성 향상을 위한 광고주–기획팀–창작팀 사이의 바람직한 관계란 어떤 것일까요?

□■■ 교과서적으로 말하는 파트너십은 의미가 없어요. 생각 없는 광고주들은 기획서나 시안을 보고 "뭔지 모르지만 그게 아니야……"라는 식의 말을 자주 하는데 광고주의 괜한 우월의식이라고 봐요. 그러면 안 돼요. 광고주 역시 광고회사가 납득할 수 있는 충분한 래셔날(rationale)이 있어야 해요. 이유 없이 무조건 아니라고 말하는 것은 광고주라는 이름 하에 저지르는 크리에이티브의 학살입니다, 학살. 광고회사 역시 광고주의 래셔날이 충분한 이유가 있을 때에는 자식처럼 아까운 크리에이티브라도 과감히 죽일 줄 알아야 해요. 반면에 별다른 래셔날이 없으면 죽이 되든 밥이 되든 광고회사에 맡겨두라는 겁니다. 어차피 일 년 계약인데 그깟 광고 때문에 회사가 하루아침에 망할 일도 없어요. 평가는 일 년 계약이 끝날 무렵에 냉정하게 하면 되지요.

광고 창의성 개념에 특별한 정답은 없습니다. 무엇이 광고의 창의성일까요?

□■■ 새로 만들어내는 것이 아니라 찾아내는 것이고, 잠재되어 있었는데 몰랐던 것을 소비자에게 알맞은 코드(code)로 발견해내는 능력이지요. BC카드 광고에서 「부자 되세요」라는 카피를 썼는데, 전혀 새로운 말이 아니고 광고에서 표출을 안 해줬을 뿐이죠. 소비자 입장에서 보면 지금까지 들어본 소리가 아닌데 광고에서 말해주니까 기분이 좋잖아요. 이처럼 기존에 있던 것을 발현시켜서 사람들의 공감을 일으키는 것이 광고 창의성이라고 봐요.

그렇다면 무엇이 창의성의 차이에 영향을 미칠까요?

□■■ 먼저 선천적인 개인차를 들 수 있어요. 타고난 능력이나 잠재력에서 개인차가 분명히 있다고 봐요. 다음으로 후천적인 노력인데, 타고난 재주가 있더라도 노력을 안 하면 창의성의 발현이 어렵겠지요. 그런데 열심히 노력하면 천부적으로 갖지 못한 능력도 어느 정도는 보완할 수 있다고 봐요.

100점 만점에서 재주를 타고난 사람에게 90점을, 좀 떨어지는 사람에게 70점을 준다면, 후천적인 노력으로 대략 얼마나 올라갈까요?

□■■ 열심히 노력하면 70점에서 출발한 사람도 15-20점 정도 올라갈 수 있어요. 얼마든지 가능해요. 그러나 그 이상 가는 데는 분명히 어떤 천재성도 필요하다고 봐요.

구체적으로 어떤 노력이 필요할까요?

□■■ 먼저 다방면의 지식을 얻기 위해 노력해야지요. 지식이 없으면 크리에이터들이 태클을 자주 당해요. 전문가 수준까지 알 필요는 없지만, 다방면에 많은 지식을 가지고 있어야 아이디어 발상에 유리하고 자기 논리를 전개할 수 있어요. 독서나 여행 또는 인터넷을 통해서도 얻을 수 있겠지요. 하지만 어디까지나 광고에 쓰기 위한 지식이 필요한 것이니까 너무 깊이 알 필요는 없어요. 그래서 백화점식 지식이 필요하다 이거지요. 어느 분야의 흐름을 알아야 하지만 너무 깊이 들어갈 이유는 없어요. 다음으로 생각을 많이 해야지요. 독서백편의자현(讀書百遍意自現)이라는 옛말이 있는데 저는 '독서백편'을 백 번 읽으라는 말이 아니라 백 번 생각하라는 의미로 해석해요. 자꾸 생각하다보면 어느 순간 저절로 답이 나온다고 봅니다.

광고에 대한 평가가 지나치게 주관적이라는 생각이 들 때가 많습니다. 어떤 기준으로 광고 창의성을 평가하시는지요?

□■■ 어디서 본 듯한 광고면 모방이나 아류니까 창의성을 말하기는 어렵겠지요. 결국 그렇지 않은 것들만 남게 되는데 여태껏 보지 못하던 컨셉트나 아이디어를 추린 다음 사람들이 얼마나 공감할 수 있는지를 생각합니다. 예를 들어, 열 개를 심사해서 네 개가 남았다면 네 개가 다 새롭지만 그 중에서 가장 공감을 일으키는 것을 찾는 대목이 굉장히 중요하다고 봐요. 공감이 안 되는 광고는 아무 소용이 없어요. 이른바 무조건 튀는 광고나 공감이 안 되면서 맹목적으로 '낯설게 하

기' 만 시도하는 것은 아무짝에도 쓸모없다고 봐요.

제가 광고회사에서 일할 때, 밤을 꼬박 새고 짜낸 아이디어를 회사 임원들에게 리뷰하면 한 번 쓱 쳐다보고 불과 10초 내에 가부(可否)를 평가하고는 했어요. 그럴 때마다 저 사람들은 천재인가 하며 반발심도 생기고 울화가 치밀 때도 있었지요.

■■■그 심정 충분히 이해해요. 따라서 그렇게 리뷰해서는 안 된다고 봐요. 저는 리뷰할 때 후배들에게 "너만 아는 건 소용없다"는 말을 많이 해요. 광고는 소비자와의 코드가 맞아야 하는데, 자기만 아는 코드를 사용하거나 자기 나름대로만 해석하면 문제가 있어요. 저는 소비자에게 공감을 일으키는 코드가 있느냐 없느냐에 따라 썸네일(thumbnail) 평가를 해왔어요. 그리고 혹시 저의 섣부른 판단으로 좋은 아이디어를 죽이지나 않을까 싶어 그림 하나 카피 한 줄도 꼼꼼히 챙겼어요. 그런 연후에 평가는 정말 냉정하고 가혹하게 내렸다고 봅니다. 그 순간 대안이 떠오르면 즉석에서 이렇게 저렇게 고치면 더 좋지 않겠느냐는 대안도 제시하였지요.

그는 신입사원에서부터 광고를 시작해서 그런지 남이 낸 결과물을 소홀히 취급하지 않는다. 설령 그 사람이 입사 1−2년차의 신출내기라 할지라도 자세히 리뷰하고 상대방의 아이디어를 폄하하지 않는다. 반면 유명세를 타고 있는 스타급 광고 창작자의 아이디어라 할지라도 무조건 인정하거나 동의하지는 않는다.

광고회사의 어떤 간부들은 남의 소중한 아이디어를 한순간의 느낌으로 평가하거나 아무런 대안도 제시하지 않으면서 무조건 아니라고 한다. 그래서 계급이 깡패라거나 아이디어 킬러라는 오명에서 결코 자유롭지 못하다. 그에 비해 상대방의 의견이나 아이디어에 대해 심사숙고하고 구체적인 대안을 제시하는 그의 리뷰 스타일은 단연 돋보인다. 하지만 그런 과정이 끝난 다음 그가 판관으로서 내리는 표현 아이디어에 대한 판결은 실로 냉혹하다 할 것이다.

기획과 창작 사이

현장 크리에이터들은 지나친 조직 논리가 창의성의 장애물이라고도 합니다.

□■■■ 마케터나 AE에 비해 크리에이터에게는 제약을 가할 필요가 없어요.

그런데 실제로는 많은 제약을 가하잖아요.

□■■■ 그게 현실이지만 그럴 필요가 없어요. 예를 들어, 아침 회의에서 CD가 해결 과제를 제시한 후 오후 5시에 모이자고 했다면 그때까지는 각자 무슨 짓을 하든 내버려두라는 겁니다. 누가 화장실 변기에 쭈그려 앉아 오전 네 시간을 다 보내든 말든, 넌 왜 화장실 가서 네 시간 동안 오질 않아, 이렇게 책망할 필요가 없어요. 영화를 보러 가든 자러 가든 각자가 알아서 할 몫이니까 상관하지 말아야 해요. 실컷 자고

일어났는데 불현듯 좋은 아이디어가 떠오를 수도 있으니까요. 굳이 조직을 내세워 조직 논리를 강요를 할 이유가 없어요. 다만 결과에 대해서는 각자가 책임을 져야지요.

기획팀과 창작팀 사이에도 이런저런 갈등이 있는데 가장 중요한 요인이라면?

□■■■ 내가 보기에는 양쪽 다 똑같은데 서로 상대방 입장을 배려하지 않아요. 크리에이터들은 나름대로 약간의 피해의식이 있는지 AE의 상황에 상관없이 자기방어부터 하려고 해요. "야, 그런 거는 미리 얘기를 해줬어야지!" 또는 "이런 거는 너희가 광고주한테 가서 커버해야 되는 거 아냐?" 같은, 말하자면 자기 방어적인 태도가 있어요. 기획은 기획대로 훌륭한 광고를 만들기보다 영업이 우선일 때가 많아요. 광고주의 승인을 받아서 광고를 집행해야 되는 문제가 굉장히 크다 이거지요. 어떻게 해서든지 광고주의 뜻에 맞춰야 하는 것이 엄연한 현실이고, 그것을 창작팀에게 일일이 설명하기도 사실 어려운 문제다보니까 서로 갈등이 있을 수밖에 없어요.

바람직한 조정 방안이 있을까요?

□■■■ 네. 인포멀 릴레이션십(informal relationship)이 형성되면 조금은 해소될 수 있다고 봐요. 말하자면 양쪽이 업무를 떠나 저녁에 술 한잔 먹고 퍼지고 하다보면 서로 인간적인 공감대가 형성되고, 그러다보면 자연히 상대방을 이해하게 될 것이라는 거죠. 한쪽에서 "너, 알잖니?" 그러면 그 한마디에 묵은 감정들이 눈 녹듯이 사라질 수 있어요. 조직

에서는 비용 지원도 해주며 그런 것을 적극 권장할 필요가 있어요.

김세민의 광고 인생은 기획자로 일관되었지만, 그는 광고와 관련된 여러 분야에 쉬지 않고 눈길을 주었다. 모자라는 부분은 후배로부터 배우는 것도 마다하지 않았고, 술잔에 어린 달빛에게서도 배웠고, 인터넷의 바다를 떠돌면서도 배웠다. 배우면서 생각하고 생각하며 배웠으며, 마시면서 만났고 만나면서 마셨다. 비록 불같은 성격과 지독한 원칙주의 때문에 주변에서 오해를 받기도 하지만, 복마전 같은 광고판에서는 차라리 명쾌한 그의 세계가 필요할지도 모른다.

우리네 인생을 칼로 두부 자르듯 그렇게 설명할 수는 없다. 앞에서는 웃다가도 뒤에서는 비수를 꽂는 일도 흔한데 어떻게 인생을 명쾌하게 설명할 수 있겠는가. 이런 마당에 더블 플레이와 이중적인 언사가 처세의 미학으로 간주되기도 하는 광고계의 한 단면을 볼 때, 화나면 화내고 좋으면 좋다고 직설적으로 말하는 그의 핏대는 차라리 순진하다 하겠다. 60을 바라보는 나이까지 이렇게 휴머니스트로 살고 있는 그는 너무 철이 덜 들었거나 아니면 너무 순진하거나 둘 중 하나이리라. 김세민, 그는 오늘도 그만의 창의성 개념인 '코드의 발견'을 바탕으로 소비자와의 공감대를 넓힐 수 있는 광고 지평의 확장을 위해 길 위를 그렇게 서성거리고 있는지도 모른다.

 길 위에서 크리에이티브를 줍다

이강우

험한 세상에 다리가 되어
본질을 찾아서 미망을 찾아서

1941년생. 연세대 국어국문학과 및 중앙대
신문방송대학원 졸업. 동아방송, 세종문
화, Lee & DDB에 있는 동안 뜨거운 현장
을 사랑했다. 그는 늘 무대 뒤쪽에 숨겨져
있었지만, '상품의 본질을 찾는 안목' 이 광
고 창의성의 개념이라고 믿고 자신의 모든
것을 던졌으며 이 과정에서 한국의 CM 플
래너 1호라는 직함을 스스로 개척했다.

길 위에서 생각의 실타래를 풀어나간다.

험한 세상에 다리가 되어

세 번째 명함. 회갑이 지난 다음에 그는 새 명함을 찍었는데 이번이 세 번째 명함이다. 어느 분야보다 자리 이동이 심해 심지어 어떤 사람은 이력서 한 장에 화려한 이력을 열거하기에는 턱없이 부족한 경우도 있는 광고계에서, 25년에 걸친 그의 광고 이력은 단 세 줄로 요약된다. 동아방송 PD, 세종문화 전무, 그리고 광고회사 Lee & DDB의 선생님. 광고계의 CM 플래너 1호라고 할 수 있는 이강우는 지금은 사라진 동아방송에 PD로 들어가서 처음 2년간은 사회교양 파트에서, 나머지 8년간은 드라마 쪽에서, 마지막 3년간은 라디오-CM PD를 했다. 그 후 세종문화의 창립멤버가 되어 그곳에서만 22년을 보냈고, 이어서 Lee & DDB에서 크리에이티브의 날개를 펼치고 있다.

만년 세종문화 전무를 고수하던 그에게 직책이란 한갓 허울에 불과

할 터인데, 그 전무 타이틀을 벗고 나자 후배들이 선생님으로 부르기를
제안했다고 한다. 그는 자신의 에세이집에서 저간의 사정을 자못 겸연쩍
게 술회하고 있다.

이왕 선생님으로 불려질 것이라면 적당한 호칭이 없어서가 아니라 김
태형 선배처럼 마음에서 우러나와 불려질 수 있었으면 한다. 직책이 적혀
있지 않은 세 번째 명함, 나의 세 번째 직장은 자유로움이었으면 한다.
_『대한민국 광고에는 신제품이 없다』, 살림, 2003, 40쪽

그는 크리에이티브란 말로 하는 것이 아니라 온몸으로 그리고 전 인
생을 던져서 그렇게 하는 것이라는 생각으로 창의성의 든든한 다리가 되
어주었다. 광고라는 험한 세상에 다리가 되어 수많은 소비자를 제품으로
건너가게 했던 것이다.

나를 키운 세 명의 스승

13년간 방송국 생활을 하시고 늦게 광고를 시작하셨군요?
□■■ 네. 1977년 38살 무렵이었으니까 빠른 출발이 아니었지요.

어려움도 많으셨을 것 같은데요.
□■■ 어려웠지만 주변에서 많이 배웠지요. 추남, 김영훈, 강한영, 이

세 분이 가장 기억나요. 먼저, 「체력은 국력」 시리즈를 만든 추남(秋男) 감독인데, 본명은 배순남입니다. 고 육영수 여사가 광고로 국민에게 좋은 메시지를 전한다고 해서 격려 전화를 할 정도였지요. 이분한테 자기 자신을 알릴 재주를 가져야 이 판에서 밥을 먹을 수 있다는 것을 배웠어요. 이분이 1970년대 초반에 프로덕션을 만들었을 때는 광고가 참 하찮은 것이었는데, 자기 돈 들여서 신문사에 접촉하고 자기가 만든 광고를 기사화하고 그랬어요. 그 후 많은 프로덕션 사람들이 알게 모르게 추남 씨 덕을 봤어요. 자신을 제대로 알릴 수 있어야 살아남는다는 것을 개척자적으로 알려준 분이지요.

그 다음 제가 스승으로 삼은 사람은 김영훈 감독입니다. 이분은 카메라맨 출신인데 예술가 기질이 있었고 직업적인 자존심이 엄청났어요. 예를 들어, 자기가 찍고 있는데 누군가가 카메라 좀 보자고 하면 노골적으로 화를 내며 "맡겼으면 믿고 내게 맡겨야지, 왜 그래? 나 안 해!" 하고 집어던졌어요. 그러니까 그분은 사업가 기질은 전혀 없었다고 봐요. 광고는 서비스업과 본질이 비슷한데 광고인의 직업적 자존심이 없다면 정말 술집 호스티스하고 무슨 차이가 있겠어요? 가령 광고인은 남의 지시나 받아 그냥 일하는 수동적인 입장이 되기 쉬운데, 그분은 자신이 해야 할 일이 무엇인가 하는 직업적 자존심을 끝까지 포기하지 않았어요. 어떤 면에서 경영자로서는 결격 사유가 될지 모르지만, 그분의 직업적인 긍지나 자존심 같은 것은 많은 후배들이 남들한테 대우받을 수 있는 터전을 마련해주었다고 봐요. 그분에게 일에 관한 한 전문성을 주장해야 한다는 교훈을 얻었어요.

마지막으로 강한영 감독인데 이분은 기교가 뛰어났어요. 아주 영리했다고나 할까? 이분은 백 가지 재주가 있다면 모든 광고에 백 가지 재주를 다 쓰지 않았어요. 광고주나 제품의 수준이 60점 정도면 거기에 맞는 재능만 썼어요. 60점짜리 제품에 100을 보여주면 커뮤니케이션의 오류가 생겨서 결국은 광고를 못 믿고 설득력이 약해지니까 70점 정도만 재능을 발휘했죠. 한마디로 소비자가 용납할 수 있는 범위를 절대로 넘어가지 않았어요. 80점짜리에는 90점 정도를 보여주면서 자기의 능력을 조절했어요. 저는 소비자를 어떻게 설득하고 기교를 어떻게 부려야 하는지를 그분한테 배웠다고 생각해요.

꼭 반보만 앞서가라

광고 창작에서 가장 중요하게 생각하신 원칙은?

□■■■ 늘 반보주의를 생각해요. 예술은 작가의 주관적인 판단에 의해 좌우되지만 광고는 어디까지나 그것을 수용하는 소비자의 객관적인 평가가 중요하거든요. 이런 면에서 광고가 소비자나 사회보다 뒤떨어진다면 누가 설득되겠어요. 그렇다고 너무 앞서가면 아무도 이해하지 못하니까 역시 설득에 실패하는 것이지요. 농담으로 말하자면 광고는 블루스 추듯이 해야 된다고 생각해요. 남자가 가장 잘 추는 춤이 어떤 것이냐 하면, 같이 추고 있는 여자의 머릿속에서 이 남자가 리드하고 있다는 생각이 안 들게 하는 것이라고 합니다. 춤꾼들 말이

그래요. 남자의 스텝은 틀림없이 여자의 스텝을 리드하게끔 되어 있거든요. 그러니까 리드당하는 여자가 리드당한다는 느낌을 갖지 않고 춤을 출 수 있는 것처럼 광고를 만들어야 하죠. 또 간격이 너무 떨어지면 설득력이 없기 때문에 접촉을 하면서도 반보 거리를 유지해야 해요.

그러니까 소비자를 반보쯤만 앞서가야 한다는 말씀인가요?

네. 너무 앞서가면 소비자는 내 얘기가 아닌가보다 하고 쉽게 포기하고, 너무 뒤처지면 웃긴다며 도외시하니까, 반보 정도 앞서가며 알게 모르게 소비자를 리드하는 기교가 있어야 해요. 크리에이티브에 있어서 기발하거나 놀랄 만한 것은 필수적인 조건이지만 대중이 수용할 만한 선에 있느냐 아니냐는 굉장한 차이가 있어요. 이때까지 참 많은 광고를 만들었지만 창의적인 아이디어라는 것은 소비자의 생활 면에서 생각했지요. 그러니까 어떤 예술적인 영감에 따라 아주 독특한 것을 만든 게 아니라 소비자의 생활 속에서 남들도 다 알고 있는 것 같은데 미처 깨닫지 못한 것을 찾아내는 게 아닐까 해요. 예컨대 초등학교 선생님이 "얼음이 녹으면 뭐가 됩니까?" 하고 물으니까 다들 "물이 됩니다"라고 대답했는데, 정답이지만 창의적이지는 않아요. 유독 한 어린이만이 "얼음이 녹으면 봄이 됩니다"라고 했는데, 이렇게 서로 이질적인 요소에서 공통점을 찾아서 소비자가 공감할 수 있도록 연결시켜주는 것이 크리에이티브가 아닌가 해요.

새로운 조합을 말씀하시는 거죠?

□■■ 네. 정말 참다운 창조라는 것은 신의 영역이 아닐까 싶어요. 인간이 지금까지 창조했다는 것들을 가만히 보면 신이 만들어놓은 인간의 몸에서 한 발자국도 못 벗어나 있어요. 예를 들어, 우리가 눈이 없었다면 TV를 어떻게 만들어놓았겠어요, 아주 구조도 똑같거든요. 귀의 고막이 없었다면 어떻게 음파를 생각해내고, 인체 신경이 없었다면 어떻게 통신을 생각했겠어요. 또, 두뇌가 없었다면 어떻게 컴퓨터를 만들었고, 새나 물고기가 없었다면 어떻게 비행기와 잠수함을 발명했겠어요? 그런 점에서 본다면 신의 창조와 인간의 창조는 본질적으로 달라요. 광고에서의 크리에이티브라는 것도 이질적인 요소들을 교묘하게 결합시켜 새로운 의미를 만들어내는 것이니까, 크리에이티브의 기본적인 소스는 소비자의 생활이나 사회 속에서 찾아야지 그것을 벗어나면 의미가 없어요.

감각 조절이라는 반보주의 측면에서 한 보 앞서거나 반보 앞서는 것을 선택하는 문제가 쉽지 않을 것 같아요.

□■■ 맞아요. 자기 욕심을 얼마만큼 절제하느냐에 달려 있다고 생각합니다. 만약 콜럼버스가 계란을 세울 때 특별한 재능이 있어서 깨지 않고 계란을 세웠다면, 사람들은 아마 그것이 콜럼버스만이 가진 재능이라고 생각해서 공감하지 못했을 거예요. 자기 문제가 아니라고 생각했겠지요. 훌륭한 광고의 공통적인 특징은 누가 봐도 쉽다라는 것입니다. 단 하나의 차이는 저렇게 쉽고 간단한 것을 왜 나는 미처

 길 위에서 크리에이티브를 줍다

생각하지 못했을까, 나도 그렇게 생각할 수 있었는데 왜 나는 생각하지 못했을까, 하는 거예요. 남들이 다 보고 있는 것들 중에서 남들이 찾아내지 못한 것을 찾아내는 눈썰미를 가진 사람들이 뛰어난 크리에이터가 아닐까 싶어요.

좋은 광고는 잘 팔리는 광고?

이강우는 배우기를 주저하지 않았다. 주변의 광고인에게서도 배웠고 아줌마들의 뒤꽁무니를 따라다니면서도 배웠다. 자신의 실패에서도 배웠고 성공에서도 배웠다. 그러나 갈증으로 목이 마를 때마다 그를 가르쳐준 큰 스승은 언제나 소비자였다. 때로는 끓어오르는 표현욕을 주체할 수 없었지만 그는 제품과의 보폭 맞추기를 위해 표현의 금욕생활을 준엄한 지침으로 삼았다.

욕심의 절제는 개그맨 전유성 씨도 줄기차게 주장하였는데, 그 역시 욕심을 버리는 것이 매우 중요하다고 하였다. 한 분야에서 달인의 경지에 오른 사람들은 이처럼 통하는 데가 있나보다. 그는 절대로 천재가 아니라고 말한다. 때로는 자기가 만든 광고로 인해 숱한 모멸감을 느끼면서도 잘 팔리게 하는 광고가 좋은 광고이며, 그것은 소비자의 언어로 빚어져야 한다는 믿음을 버리지 않았다. 그는 세간의 평판에 쉽게 흔들리지도 않았으며 언젠가는 꽃으로 피어나기를 바랐다.

관찰력이 중요하다는 말씀인데, 창의성 향상을 위해서 특별히 노력하신 점은?

□■■ 훈련과 반성이었지요. 사람들은 잘못한 것을 본능적으로 자꾸 잊어버리려고 하는데, 저는 잘못한 부분에서 교훈을 많이 얻었어요. 왜 실패를 했을까, 어째서 성공했을까, 하는 끊임없는 반성과 분석을 통해서 스스로를 정제시켰다고 할까요? 남들보다 뛰어난 재능이 있었다고 생각한 적은 없어요. 억지로라도 제 장점을 말하자면 분석적인 태도가 아니었을까 해요. 세종문화에 다니던 시절 식품이나 생활용품 광고를 맡으면 압구정동 슈퍼마켓에 갔어요. 주부들 뒤를 졸졸 쫓아다녀 오해받은 적도 있지만, 주부들 대화 속에 정말 훌륭한 카피가 다 있어요. 그러니까 소비자의 마음속에 존재하는 언어를 제품에 딱 맞아떨어지게 가져다 붙이는 맞춤법을 찾아야 해요. 그것을 찾아내는 눈썰미를 길러야 해요.

맞춤법에 대해 좀 자세히 설명해주시겠어요?

□■■ 세종문화에서 스피드 011 만들 때인데, 이용찬 사장하고 제가 무심코 뱉은 얘기였지만 "때와 장소를 가리지 않습니다" 같은 것입니다. 지금은 상황이 다르지만 그 무렵만 해도 무선통신이 잘 터지지 않는다는 점이 가장 큰 이슈였어요. 그때도 왜 그런 카피가 나왔느냐 하면, 토요일 오후에 사무실에 앉아 있는데 당시 이용찬 제일기획 위원이 약속도 없는데 느닷없이 찾아오더라고요. 회의나 하자는 뜻으로 알았지만, 제가 "야, 너는 시도 때도 없이 찾아오냐?" 그랬지요. 거기서부터 시작된 거예요. 이야기를 해보니까 시도 때도 없이 또는 장소

 길 위에서 크리에이티브를 줍다

를 가리지 않고 잘 통하는 것이 그때 011이 주장하고 싶었던 것이었어요. 무심코 뱉었던 언어를 흘려보내지 않고 그것을 잘 붙잡아놓은 셈인데, 그렇게 하려면 물론 제품 연구가 선행되어야 합니다.

맞춤법은 좋은데 세간의 평가는 다른 경우도 있겠지요?

□■■■ 맞아요. 저 역시 히트했지만 가장 유치하고 천박한 광고로 평가받은 경험이 있어요. 1982년에 제가 소비자 언어를 골라 삼진제약의 「맞다, 게보린!」이라는 카피를 썼는데, 그 광고를 만들고 한 2년간 개인적으로 모멸감을 느끼고 엄청난 수치심을 느꼈어요. 내가 만들었는지도 모르고 광고회사 사람들이 앞에서 욕하고, 어떤 대학교수는 "게보린 광고 보면 창피해요. 감독들 수준이 그러니까 우리나라 광고가 후진적이야" 이랬어요. 이런 모욕을 수없이 당했는데 2년 만에 당시 일등 브랜드인 사리돈을 꺾었습니다.

그 무렵 제약업계에는 세 가지 금기가 있었어요. 먼저 드링크 제품은 박카스하고 붙지 마라, 소화제의 경우 훼스탈과 부딪치지 마라, 그리고 진통제 두고서 사리돈하고 싸우지 마라, 무조건 백전백패한다고 그랬어요. 그런데 게보린이 일등 브랜드로 딱 올라서고 나니까 평가가 달라져요. 지금도 게보린 광고를 훌륭한 광고라고 말하는 사람은 아무도 없겠지만 평가를 신중하게 해야 합니다. 제품의 본질에 가까이 가야지 그냥 화려하게 꾸미기만 하고 매출에 영향을 미치지 못하면 가치가 없다고 봐요.

광고주도 촌스럽다며 게보린 광고 좀 바꾸자고 그러지 않았습니까?

□■■ 그 점에 대해서는 삼진제약 김영배 회장에게 지금도 감사하고 있어요. 처음 론칭 광고가 어떤 것이었냐 하면, 모델 송재호 씨가 찡그리는 아내에게 "어, 왜 그래?" 그러자 아내는 "머리가 아파서" 하니까, 다시 송재호 씨가 좋은 진통제가 있었는데 뭐더라 하며, "게, 게, 게……. 맞다, 게보린!" 하는 내용이었거든요. 그 콘티를 보고 회의에 참석했던 많은 삼진제약 스텝들이 제품 이름을 몰라 더듬거리면 말이 되느냐며 야단이었어요. 그런데, 당시 김영배 사장이 게보린 아는 사람 없을 터이니 더듬거리는 것이 아이디어라며 밀어주었지요.
첫 번째 광고는 사실 큰 성공은 못 했는데, 두 번째 광고가 인기를 끌었어요. 주부가 아파트 아래층을 보면서 "아기 엄마, 열나고 머리 아플 때 먹는 약이 뭐죠?" 그러자 "응, 게보린. 맞다, 게보린!" 하고 수다 떠는 내용인데, 유행어들이 생겨났어요. 대한민국에서 가장 머리 나쁜 여자는 날마다 게보린이라고 알려주는데도 매일 몰라서 물어보는 띨띨한 여자라는 거였죠. 유행어가 생겨나자 매출이 획기적으로 올라가기 시작했어요. 그러고 나서 2년 반쯤 지나, 제가 일생일대의 실수를 한 게 있어요. 하도 스트레스를 많이 받고 나 자신도 창피하고 그래서, 광고주에게 삼진제약의 기업 이미지를 생각해서 게보린 광고를 품위 있게 만들자고 권유한 일이죠. 어쨌든 「애정을 가진 사람만이 고통을 나눠가질 수가 있습니다. 두통, 치통, 생리통에— 게보린」이라는 카피로 제가 보기에도 근사한 광고를 넉 달 만에 만들어냈어요. 노출 시간대나 프로그램을 하나도 바꾸지 않고 물량도 한 푼도 줄

제품의 본질에 가까이 가지는 못하면서
겉만 화려하게 꾸미는 광고는 가치가 없
다. 게보린 광고는 우리에게 '과연 훌륭
한 광고란 무언인가' 라는 질문을 던진다.

「스피드 011은 때와 장소를 가리지 않
습니다」라는 카피는 무심코 내뱉은 언
어를 흘려보내지 않고 잘 붙잡아놓아 만
들어진 결과물이다.

이지 않고 이전과 똑같이 노출시켰어요. 그런데 문제는 사람들의 눈에 띄지가 않는다는 거였죠. 그리고 실제로 매출도 내려가기 시작한 거예요. 그래서 곧바로 다시 만들어서 또 악쓰는 광고를 만들었는데, 매출이 다시 올라가기 시작했습니다. 도대체 훌륭한 광고가 뭐냐고 반문하고 싶어요.

참 어려운 문제네요.

□■■ 원론적인 이야기이지만 아무리 상을 많이 받고 대중적으로 인기를 얻었다 해도, 제품 판매에 기여하지 못하면 훌륭한 크리에이티브가 아닙니다.

화장만 요란하게 하는 광고가 많지요.

□■■ 너무 많죠. 저는 1982년 론칭에서 1995년까지 게보린을 13년 동안 했습니다. 그런데 상황에 따라 카피는 약간 달라졌지만, 「맞다, 게보린!」은 지금도 쓰고 있습니다. 광고를 너무 자주 바꾸면 안 됩니다. 우리나라 광고를 보면 너무 빨리 바꾸는 '조루증' 광고가 너무 많아요.

카피를 많이 썼지만 그를 카피라이터라고 부르기에는 그가 지닌 그릇이 너무 크다. 수많은 콘티를 직접 그리며 촬영 현장을 누볐지만 직접 카메라 앵글을 잡지 않았기에 그를 광고 감독이라고 부를 수도 없다. 따라서 그의 존재는 늘 무대의 뒤쪽에 가려 있었지만 그는 늘 광고에 대한 사랑 하나로 광고에 자기의 모든 것을 던졌으며, 그런 과정에서 대한민국 CM 플래너 1호라는 직함을 스스로 개척하였다.

그는 늘 뜨거운 현장을 사랑하였다. 광고의 시작과 끝이 현장에서 이루어진다고 보고 낮에는 늘 제품과 시장과 소비자를 찾아 길을 떠났다. 길에서 아이디어를 줍고 길 위에서 생각의 실타래를 풀어나갔다. 그리고 밤이 되면 그 아이디어를 추스르고 설득의 코드를 주섬주섬 엮어나갔다. 마치 미네르바의 부엉이가 밤이 되면 울기 시작하듯이, 밤늦도록 총총한 정신과 따스한 가슴으로 사람과 사람 사이 그리고 사람과 제품 사이를 연결하는 생각의 다리를 하룻밤에도 몇 개씩 놓았다 뜯었다 했다. 이강우는 광고라는 험한 세상의 다리가 되어 기나긴 세월을 그렇게 보내온 것이다.

본질을 찾아서 미망을 찾아서

이강우는 사람과 제품 사이를 연결하는 생각의 다리를 만들며 크리에이티브 디렉터의 역할에 따라 다리의 견고함이 달라진다고 보았다. 국내 CM 플래너 1호라는 명칭을 스스로 개척하였듯이, 크리에이티브 디렉터 역시 누가 만들어주는 것이 아니라 스스로 만들어가는 것이라고 그는 믿는다. 필자 역시 오래전에 미국 시카고에 있는 광고회사 레오버넷 본사에 가서 연수를 받았는데, 그때 30여 년간 말보로 캠페인의 디자인만을 담당했다는 디자이너를 만난 적이 있다.

백발이 성성한 그의 직함이 크리에이티브 디렉터가 아닌 디자이너라는 사실에 무척 놀랐던 기억이 아직도 생생하다. 그 사람은 디자이너라는 자기 직책에 만족한다고 말했는데, 이강우 역시 직책이 전부가 아니라 그가 일을 어떻게 하는지가 가장 중요하다고 보았다. 모름지기 크리에이티

브 디렉터라면 자기 직분을 다할 수 있는 집중력을 갖춰야지, 후배들의 이런저런 아이디어를 자기 잣대로 평가만 하고 인사고과나 매기는 무늬만 CD(creative director)인 사람은 더욱 큰일이라는 것이다.

자신의 일에 집중, 집중하라

입사 10년 이상 되면 자신을 크리에이티브 디렉터로 소개하는 사람들이 많은데, 명함에 그렇게 박혀 있다고 해서 다 크리에이티브 디렉터는 아니겠지요. 바람직한 CD의 자질이나 자세는 무엇일까요?

□■■■ 자기 직업에 대한 집중력이라고 봐요. 제가 한국에서 크리에이티브 디렉터로 존경하는 분이 두 사람 있는데, 정주영 씨와 박우덕 씨입니다. 정주영 씨는 크리에이티브를 몸으로 증명했어요. 예컨대 서

산 간척지 공사 때, 폐 유조선을 가라앉혀 물막이 공사를 한 것은 어떤 엔지니어들도 생각하지 못한 것이었어요. 토목공학 이론으로는 설명이 안 되는데 그분은 사물의 본질을 꿰뚫어보는 자유로움이 있었지요. 그뿐만 아니라 어떻게 하면 남의 관심을 끌 수 있을까 하는 창의적인 수사(修辭)에 있어서도 천부적인 자질이 있었다고 봐요. 민간인이 소 떼 1,000마리를 끌고 판문점을 넘어간다는 발상 자체가 정말 대단한 아이디어인데, 실제로는 1,001마리였다고 합니다. 소 떼 1,000마리를 보냈다고 언론에서 보도하면 사람들은 현대에서 소를 많이 보냈나 보다, 하고 생각할 것을 한 마리를 더 늘려 그 의미를 더했어요. 어느 기자가 왜 하필 1,001마리냐고 물어보니까 이렇게 대답했다고 해요. "부모님의 소 판 돈을 훔쳐와 내가 기업을 일구었으니까 천 마리는 이자고 한 마리는 원금이야." 그분은 똑같은 말을 어떻게 표현해야 관심을 끌 수 있느냐, 다시 말해서 크리에이티브의 수사를 너무 잘 알고 있었다고 할 수 있어요.

현대조선 지을 때는 거북선 그려진 지폐 한 장과 해변 풍경 사진 한 장을 들고 영국에 가서 유조선 두 척을 수주했다고 합니다. 지폐의 거북선 그림을 보여주며 "너희 영국에서 증기선 발명하기 삼백 년이나 앞서서 거북선을 만든 국민인데 우리가 왜 유조선을 못 만들겠는가?" 하며 설득했다고 해요. 물론 그것 때문에 수주에 성공했다고 말하기는 어렵겠지만, 그분은 공장도 없는 허허벌판 상태에서 배 두 척을 수주할 수 있었을 만큼 설득력을 가지고 있었던 거죠. 이런 면에서 그분이 광고를 했다면 그야말로 세계적인 크리에이터가 될 수 있었다고

 길 위에서 크리에이티브를 줍다

봅니다. 그분이 성공한 것은 뛰어난 감각과 핵심을 보는 눈 그리고 설득하는 능력 때문이죠.

박우덕 씨 역시 자기 직업에 대한 집중력이 대단하지요?

□■■네. 제가 박우덕 씨를 존경하는 까닭은 그가 웰컴의 사장이어서가 아니라 자기 직업에 대한 집중력 때문입니다. 외곬으로 하다보니까 회사가 커져서 사장이 된 것이지 사장을 목표로 일한 사람이 아니거든요. 광고에 매진하다보니까 광고주도 오고 돈도 벌고 그 자리까지 간 것이지 그런 것 자체를 목표로 하지는 않았어요. 그는 후배들에게 세속적인 월급쟁이 정신을 거부하고 자기 자신한테 승부를 걸어야 한다는 교훈을 주었는데, 나이로는 후배지만 저는 그에게 존경심을 가지고 있어요. 코래드에서 그냥 디자이너로 있다가 나와서 충무로에서 작은 사무실 하나로 시작했는데, 이제 우상이 되었지요.

그의 가치와 의미는 크리에이터로서 훌륭한 일을 한 점에도 있지만, 무엇보다 크리에이터들이 그를 통해서 "나도 능력만 있으면 저렇게 될 수 있겠구나"라는 꿈과 지향점을 갖도록 만들었다는 점이죠. 나를 포함한 많은 선배들이 이때까지 불행하게도 그런 모범을 보이지 못했고, 크리에이터의 말로도 별로 좋지 않았어요. 어떤 제도적인 핸디캡 때문에 그것을 증명해 보이지 못한 측면도 있는데, 그런 제도적인 핸디캡도 어떻게 보면 변명입니다. 그런데 그는 그런 것들을 정면으로 변명이라고 할 수밖에 없게 만들었어요. 제도가 나빠서, 회사에서 키워주지 않아서, 라고 했던 말들은 그의 성공 앞에서는 다 변명이 되었죠. 이런 점에서 그가 갖는 상징적 의미는 대단해요.

한때 이명박 씨가 샐러리맨들의 우상이 되었듯이요.

□■■적절한 비유네요. 혈혈단신 자기 능력만으로 도전했다는 점에서 박우덕 씨도 마찬가지죠. 이런 점에서 그 사람이 갖는 상징성을 많은 사람들이 존중하고 그 가치를 인정해야 해요.

우리의 스승은 주변에 있다

누군들 광고를 하면서 정신적 스승(mentor)이 없으랴만, 이미 대가의 반열에 있는 이강우는 잠시도 망설이지 않고 주변으로부터 배웠다고 고백하니 이런 그의 솔직함까지 우리가 배워야 할 듯싶다. 그의 고백대로, 그가 추남과 김영훈 그리고 강한영에게서 광고 창작자로서의 기본 문법을 배웠다면, 정주영과 박우덕에게서는 크리에이터로서의 집중력을 배웠고, 곧이어 말할 윤석태로부터는 서로를 존중하는 법을 배웠다고 할 것이다. 다들 자기 혼자 힘으로 일어섰다고들 말하는데, 그는 왜 유달리 주변으로부터 배웠다는 점을 거침없이 고백하는 것일까.

두근두근. 멘토들은 그 앞에서 볼수록 두근거리는 표현의 진수성찬을 차렸다. 그는 그런 그들로부터 지적, 감각적 자극을 받아 광고의 황홀경에 빠져버렸기 때문에 조금도 망설이지 않고 고백하였을 것이다. 문학평론가 김윤식 선생이 "인생이 짧은 마당에 예술이라고 길 이치가 없다.

다만 황홀경의 환각만이 남을 뿐이다"라며 예술과 인생의 문제를 설명하였듯이, 그는 정신적 스승들에게 홀려 상업적 표현의 유토피아를 찾았을 터이다. 동서고금의 예술가들이 중세의 황금시대를 동경해마지않은 나머지, 하나의 이상향으로 생각했던 "나도 아르카디아에(Et In Arcadia Ego)……" 간다는 생각으로 황홀경의 환각을 찾아 헤매었듯이, 그 역시 자기만의 환각(헛것)에 취해 한 시절을 그렇게 배우는 데 탕진하였을 것이다.

윤석태 감독님과는 참 오랜 세월을 함께하셨는데요.

□■■■ 만일 윤 사장님을 만나지 못했더라면 지금의 저는 없었을 것이고, 그 역시 저를 안 만났으면 자기 분에 못 이겨 5년 만에 프로덕션을 걷어치웠을 것입니다. 윤 사장하고 저는 인생관부터 살아가는 태도까지 모든 면에서 99%가 달랐는데, 1%의 본질이 맞았다고 생각합니다. 오랜 세월 함께 일하며 인간적인 갈등이나 일에서의 갈등이 왜 없었겠습니까? 그러나 그것을 극복한 원천이 뭐냐 하면 상대방에 대한 존중이었지요. 제가 만약 99%를 가지고 있고 저에게 없는 1%를 그가 가지고 있어서 둘이 합해 100%가 되면, 내 99%나 상대방의 1%나 비중이 똑같은 거지요. 동업의 원칙이 거기에 있다고 보는데, 나는 99%이고 너는 1%밖에 없는데 어떻게 똑같이 나눠먹느냐며 따지면 기본적으로 동업을 못 해요. 윤 사장 역시 감독으로서 잘해나갔겠지만 자기에게 없는 그 1%를 존중해주었기 때문에 동업자의 새로운 모델을 만들었다고 생각해요.

두 분 성격이나 인생관이 판이하게 다른데 가장 힘들었던 점은?

□■■ 서로 참는 것이 아니었을까요? 아마 윤 사장도 나 때문에 엄청 많이 참았으리라고 봅니다. 하지만 못 참겠다는 감정보다 존중하는 마음이 늘 위에 있었기에 화가 날 때도 누그러뜨릴 수 있었다고 봐요. 상대방의 단점보다 장점을 더 높이 평가한 것이지요.

실제로 광고계에서 동업이 깨지는 경우가 많지 않습니까?

□■■ 거의 오래가지 못하죠. 광고를 하면서 가장 보람된 일이 뭐였냐고 물어본다면, 결과 그 자체보다는 부족한 사람들끼리 모여 뭔가 제대로 해보자고 노력한 그 과정이라고 할 수 있죠. 이 부분에 대해서는 겸손하고 싶지 않아요. 내부적인 어려움도 많았고, 일종의 허영심도 있었겠지만, 1%의 가치를 끝까지 지키고 싶었어요.

사람들은 때가 되면 사장을 하고 싶어하는데 선생님은 끝까지 전무 타이틀만 고집하셨지요. 자칫하면 윤 사장의 참모 이미지로만 폄하될 수도 있지 않았을까요?

□■■ 가치관의 차이라고 봐야겠지요. 사실 세종문화를 그만두기 한 10여 년 전부터 오죽하면 윤 사장이, "당신 마누라 보기가 민망해요. 나는 밤낮 사장이고 당신은 계속 전무인데, 앞으로는 당신이 사장을 맡아요" 이랬겠어요? 그런데 저는 사장이라는 게 별로 의미가 없다고 생각했어요. 저에게는 사장이 중요한 게 아니라 플래너나 크리에이터로서 우리 업계에서 어떻게 인정받느냐가 더 중요한 문제였지요.

크리에이터에게 가장 명예로운 일은 자기가 얼마만큼 자기 역할을 했느냐이지 사장이면 어떻고 전무면 어떻겠어요? 요즘 젊은 사람들은 자기 직업의 본질에 대한 가치보다는 세속적인 타이틀이나 관리자로서의 위상에 욕심을 많이 내는데, 이는 크리에이터로서의 종말입니다. 높은 자리가 사람을 망치는 경우가 굉장히 많아요. 크리에이터는 언제나 현장에 있어야 합니다. 30대의 미숙했을 때라면 몰라도 50대 이후에도 30대 시절하고 생각이 별로 달라지지 않는다면, 이것이야말로 정말 창피한 일이지, 내 앞에 부하 직원이 몇 명 깔려 있느냐가 중요한 것은 아니지요. 크리에이터라면 평생토록 자신의 창의성이 지금 어느 정도 수준에 있는가를 반문해야지, 국장이면 어떻고 사장이면 어떻겠어요? 크리에이터들은 우선 세속적인 의식으로부터 좀 자유로웠으면 해요.

지금, 탈출을 꿈꾸라

그는 늘 고정 관념에 자기를 가두려고 하지 않았다. 자기가 쳐놓은 우리에서 벗어나지 못하도록 스승이 제자를 가두고, 자신의 생각만이 옳다는 편견에 사로잡힌 선배가 후배를 가두는 일이 많은 광고판에서, 그는 감옥에 갇혔다고 생각되는 순간 늘 탈옥하였다. 일찍이 헤겔이 그랬던가, 탈출을 시도하지 않는 노예는 해방시킬 필요가 없다고. 늘 탈출을 시도하고 창조적으로 배반하려는 인간을, 다른 인간이 어떻게 끝까지 가둘 수 있겠는가. 칼자루를 쥔 쪽은 상대방이니까 다만 그의 감옥에 갇힌 척할 뿐인 것이다. 그 역시 광고 창작자인지라 잘된 광고일수록 자신이 만들었다고 소문내고 싶어하는 '내 것' 콤플렉스에서 결코 자유로울 수는 없었다. 그러나 그는 늘 거기에서 벗어나려 했고, 그 욕심의 감옥에 갇히지 않으려고 무던히도 발버둥쳤다.

선생님도 광고 창작자인데 이를테면 자기 작품이라는 유혹을 받지 않으셨어요?

■■■ 제 아트 능력이나 저를 증명하기 위한 유혹을 끊임없이 받지만 얼마만큼 절제하느냐가 우리 직업의 기본적인 윤리라고 생각해요. 여태까지 광고를 해서 먹고살아왔지만 내 돈 내서 광고를 만들어본 적은 한 번도 없습니다. 광고라는 직업 자체가 남의 목적을 위해 남의 돈으로 내 재능을 팔아먹는 직업이니까, 자기 목적을 위해서 자기를 나타내는 일을 하려고 한다면 남의 돈으로 만들어서는 안 됩니다. 종종 광고주 돈으로 크리에이터의 성과만 높이려는 광고가 있는데, 이는 비윤리적인 행위라고 봐요.

대학 강의에서도 꼭 필요한 말씀이네요.

■■■ 네. 또한 저는 광고홍보학과 학생들에게 TV 광고라는 말을 잊으라고 해요. 용어에 따라 우리들이 가진 개념이 달라지거든요. TV 광고는 영향력이 점점 떨어지고 대신에 영상을 이용하는 광고는 엄청나게 확대되고 있어요. 몇 년 안에 방송회사와 통신회사의 구분이 없어

 길 위에서 크리에이티브를 줍다

질 테니까 TV 광고라는 용어는 무의미하고, 이제는 영상 광고라는 용어를 써야겠지요. 지금 광고를 배우는 사람들을 TV 브라운관에서 해방시키고 영상이라는 훨씬 넓은 세계를 보여줘야 해요.

어느 날 라디오에서 들었는데, 지휘자 카라얀이 60살 되던 해에 비행 조종학교에 입학했다고 해요. 지상 훈련을 다 끝내고 처음으로 공중에서 날고 있는데 옆에 탄 교관이 신경질을 팍 내면서 이랬다고 해요. "카라얀 선생, 제발 날려고 하는 비행기 방해 좀 하지 마세요." 이 순간 카라얀은 자기가 이때까지 제자들에게 잘못된 요구를 해왔다는 것을 깨달았다고 해요. 자기 제자들한테 음악은 이래야 한다는 듯이 카라얀 식으로 강요를 해온 셈이죠. 그 후부터 그는 제자들에게 자기 식의 음악을 주입하지 않고, 대신 그들의 숨은 재능을 발굴했다고 합니다. 저는 그 에피소드를 들으면서 가장 훌륭한 크리에이터란 각자가 가장 잘할 수 있는 방법을 찾아낼 수 있도록 발굴하고 조언자 역할을 해주는 것이라고 생각했어요. 그렇게 해야 창의성도 제대로 발휘되겠지요.

그렇다면 결국 선생님이 생각하시는 광고 창의성이란 무엇입니까?

□■■■ 광고 창의성에 대해 정의하는 것이야말로 창의성 있는 광고를 만드는 것보다 훨씬 더 어렵겠지요. 광고 창의성에 대한 해석 자체도 누가 정의해주는 것이 아니라 그 쪽에 관심을 가진 사람 스스로가 찾는 것이죠. 그게 광고 창의성을 이해하는 지름길이라고 봐요. 제이 월터 톰슨은 상품에 내재된 진실과 인생에서 느끼는 진실을 결합시키는

데서 광고의 힘이 발휘된다고 했는데, 내 생각에 광고 창의성을 한마디로 말하면 본질을 찾아내는 안목이 아닐까 해요. 많은 경우에 창의성을 수사(修辭) 쪽으로만 보는데, 그건 아니라고 봐요. 예를 들어 누군가를 캐주얼 차림으로 만났다가 다음 날 정장을 차려입고 나간다고 해서 그 사람의 본질이 바뀌겠어요? 대개 사물의 겉을 보고 판단하는 경우가 많은데 틀렸어요. 상품의 본질을 찾아내는 안목이야말로 진정한 광고 창의성이라고 할 수 있어요.

마음이 조급한 후배들에게 조언을 하신다면?

□■■ 광고 자체를 사랑하는 것부터 출발했으면 좋겠어요. 사랑을 해야 본질도 보이고, 하고 싶은 열정도 생기지요. 다른 직업도 마찬가지겠지만 광고 영역에서 자기 능력을 최대한으로 발휘하기 위해서는 광고 그 자체를 사랑하지 않으면 안 돼요. 실제로 저는 광고를 너무 사랑했고 재미있게 했는데, 하다보니까 이십몇 년이 훌쩍 가버렸어요.

그는 누구보다 광고를 사랑했는데, 지금보다 젊은 시절에 그가 쓴 광고업에 대한 에세이를 보면 그 열정의 일단을 읽을 수 있다.

일 초를 몇십 분의 하나로 잘라내야 하는 이 좀스러움은 얼마나 섬세한 감성이며 한 컷의 그림을 얻기 위해 제 월급의 수십 배를 아까워하지 않는 무신경은 또 얼마나 대범스러운 단순함인가. (……) 내가 그토록 열에 들뜬 채 사랑해왔던 그 모든 것이 참으로 사랑할 만한 것이었는지, 아니면 한낱 헛된 허상에 불과했는지. 그렇다. 아직도 확신할 수 없는 그 마지막 순간의 불확실성마저도 나는 사랑한다.

__『광고정보』 1987년 10월호, 94-95쪽

그에게 있어 광고와 함께한 시간들은 신들린 듯 약에 취한 듯 황홀경에 빠져 보낸 환각 상태가 아니었을까 싶다.

이강우는 그만의 창의성 개념인 '상품의 본질을 찾는 안목'을 바탕으로 늘 정답을 찾으려고 애썼다. 그러나 많은 광고 창작자들이 표현의 경계선에서 지독한 좌절감을 맛보고 칼집에 칼을 집어넣듯이, 그 역시 때로는 좌절하였으리라. 이런 맥락에서 그가 밤새껏 놓았다 뜯었다 한 다리는 사람과 사람 사이 그리고 사람과 제품 사이를 연결하려는 생각의 다리요 설득의 다리였겠지만, 한편으로는 언제나 아쉬움이 남을 것을 뻔히 알면서도 이번만큼은 최적의 크리에이티브를 찾을 수 있을 거라는 저 지독한 미망(迷妄)으로 건너가기 위한 환각의 다리가 아니었을까. 그 대답 없는 헛것을 찾아 또다시 생각의 다리를 놓는 초로의 신사. 그가 있어 우리 광고계는 앞으로도 좀 '문제적'일 것이다.

더 좋은 크리에이티브의 길

전옥성

제대로 못 할 일은 절대로 하지 않는다
욕심의 절제와 냉정한 감별사

1949년생. 서라벌예대 연극연출과 졸업.
MBC 개그 콘테스트로 데뷔한 이래 방송계
의 아이디어 뱅크로 통하는 창의적인 개그
맨이다. 그는 세상살이에서 자기 밥그릇의
분수를 아는 것이 가장 중요하다고 보고,
그만의 창의성 개념인 '욕심의 절제'를 바
탕으로 30여 년간 언제나 신인 같은 패기
와 열정으로 대중문화의 지도를 그려왔다.

모두들 보물섬을 찾기 위해 보물 지도를 가지고 떠났지만,

결국 보물을 찾은 사람은 없었다. 왜?

제대로 못 할 일은 절대로 하지 않는다

광고인이 아니더라도 창의적인 사람이라면 광고 창의성의 길을 알려줄 수 있을까? 개그맨 전유성은 크리에이티브의 길이 아닌 외곽의 산책로에서 만난 반가운 길손이었다. 오랜 세월 동안 창의성 하나를 무기로 안방극장을 종횡무진 누벼온 그는, 비교문화연구자 호프슈테더(G. Hofstede)의 설명에 기대어 표현하면, 우리 대중문화의 지형도에서 영웅(heros)이라 할 만하다. 사회 구성원들에게 역할 모범의 구실을 하는 것이 영웅의 핵심 개념인데, 전유성은 그동안 마치 양파껍질 같은 문화의 층위에서 영웅에 해당하는 분명한 징후를 보여주었다.

그의 간단한 이력을 보면, 1969년에 MBC 「개그콘테스트」를 통하여 데뷔한 후, 「폭소대작전」 「유머 1번지」 「코미디극장」 「태평천하」 「즐거운 세상」 「좋은 친구들」 「전파왕국」 등의 무대에서 일종의 허무 개그라는

장르를 개척해왔다. 또, 50대 중반의 나이에 젊음의 축제 광장인 「대학가
요제」에 게스트로 출연하는가 하면, 가수 양희은 씨와 함께 MBC-AM
「여성시대」를 진행하기도 했다. 인기를 유지하지 못하면 가차 없이 퇴출
당하는 방송계에서, 언제나 아이디어 뱅크로 통하면서 이런저런 프로를
넘나들고 30년 넘게 장수하는 비결은 무엇일까.

또한, 그는 일찍이 영화 광고에 빠져 카피를 쓰기도 하였으며 지금은
사라진 광고회사 세그린에서 광고 기획 업무를 맡기도 했다. 따라서 광고
창의성에 대한 그의 생각을 듣는 것은 재미있고도 유익한 일이리라. 그는
광고 창의성을 도대체 어떻게 보는 것일까? 때로는 느릿한 말투로 때로는
재기 발랄한 위트를 섞어 생각을 풀어나가는 그와의 인터뷰 과정은 즐거
운 개그 한판이었다.

자기 밥그릇이 아니면 덤비지 마라

지금까지 이런저런 직업을 거치며 독특하게 살아오신 걸로 알고 있는데요.
□■■■개그맨들도 생각을 팔아먹는 직업이거든요. 재료를 사다가 가공
해서 이익을 붙여 파는 직업이 아니라, 생각을 팔아먹는 직업이어서
생각을 멈추는 순간 자연 도태되지요.

혹시 장수의 비결이라도?
□■■■이 나이에 재능만으로 진행하기는 어렵다고 생각해요. 어떻게

제가 20대 초반 애들 나오는 대학가요제에 게스트로 나갈 수 있나, 좀 신기하게 생각하거든요. 근데 처음부터 원칙이 하나 있었어요. 내가 할 수 없는 것은 하지 말자는 거였어요.

다시 말해서, 잘할 수 있는 것을 더 잘하자는 말씀이시죠?

□■■■ 네. 예를 들어, 텔레비전에 출연할 때 연기도 안 되는데 억지로 많이 하려고 하지 말자는 거죠. 실제로 저는 연기 잘하는 사람이 아니거든요. 탤런트 시험에 네 번이나 떨어졌으니까요. 그 후 자신이 없거나 제 능력 밖의 일이면 안 했어요. 아무리 돈을 많이 준다고 회유하고 꼬시고 그래도 절대로 안 했어요. 그 원칙을 굉장히 철저히 지켰거든요. 심한 경우 영화사 사장이 시나리오 쓰고 감독한 영화도 저에게 안 맞으면 그 회사에서 월급을 받으면서도 출연 안 했어요. 그래서 수화기로 대가리를 맞아 깨지기도 하고 그랬어요. 그런데 광고회사에 있는 사람들은 일 따내는 게 힘드니까 현실적으로는 뿌리치기가 힘들겠죠.

이것저것 가리지 않는 게 현실이지요.

□■■■ 큰 광고회사는 여러 명이 있어서 일의 분배가 적절히 되는데, 작은 회사는 이것저것 가리지 않고 다 해야 하니까요. 할 수 없는 것은 안 하고 차별화를 시키는 광고회사들이 좀 나와야해요. 저는 '후라이보이' 곽규석 씨를 보고 느낀 게 많아요. 후라이보이, 장고웅, 양영일, 저, 이렇게 출연할 땐데, 제가 정말 재미나는 대본을 썼어도 후라이보

이는 이렇게 얘기를 해요. 야, 이거 우리 팀으로 이 대본 못 살린다, 구봉서 갖다줘라, 그러셨어요. 그리고 나서 방송이 나간 다음, 우리가 했으면 그렇게 했을 거 같아?, 이렇게 반문하고 그랬거든요. 어린 시절에 굉장히 큰 감동을 받았어요.

나름대로 의욕과 욕심도 있을 텐데요.

□■■ 하지만 자기가 제대로 잘할 수 없는 건 안 해야 돼요. 한참 벤처기업이 뜰 때, 홍보이사 맡아주면 지분 주겠다고 한 것 제가 다 하겠다고 덤볐더라면 한 150개 정도는 될 겁니다. 그 중에 될 만한 것도 사실은 있었는데 내가 할 일이 아니라고 생각했어요. 왜냐하면 내 이름을 걸면 반드시 내가 적극적으로 참여해야 된다고 생각하거든요. 언젠가 벤처 사업체에서 강의를 할 적에 이런 말을 했어요. 누구나 다 보물섬을 찾기 위해 보물 지도를 가지고 떠났지만 보물을 찾은 놈들은 없더라, 그 이유가 뭔지 아느냐, 하고 물었지요. 대답을 못 해요. 하지만 간단해요. 보물섬 지도를 스스로 그려서 간 거야, 그거 아니겠어요? 그래서 아무도 보물을 못 찾은 거지요.

하하. 그렇죠. 자기 밥그릇이 아니면 덤비지 말라는 말씀은 광고로 먹고사는 사람들이 많이 참고해야 할 대목이군요.

사실 광고계를 대충만 훑어봐도 자기가 할 수 없는 것을 억지로 하려는 경우가 얼마나 많은가. 예컨대 카피라이터의 일반적 성향을 보면, 감

 더 좋은 크리에이티브의 길

성적인 카피보다 이성적인 카피를 잘 쓰는 사람이 자기는 패션 광고 같은 감각적인 영역에 적격이라며 팀을 바꿔달라고 하는 경우가 비일비재하다. 또한, 여자 카피라이터는 다들 화장품 광고를 카피라이터의 꽃으로 여기는 탓인지 누가 봐도 화장품에는 맞지 않은데도 자신은 화장품 광고에 딱 맞는다고 우기는 일이 자주 벌어진다. 한편 남자 카피라이터들은 자신이 자동차 광고를 만들기 위해 태어났다는 식으로 억지춘향의 생떼를 부리는 일도 자주 있다.

이 밖에도 우리 광고계의 이곳저곳에서 자기 전문 영역의 건사는 제대로 안 하면서 돈벌이가 될 듯한 영역을 이리 기웃 저리 기웃 넘보는 경우가 얼마나 많은가. 분명히 자기 전문 분야가 아닌데도 이런저런 일들을 개똥참외 마냥 맡아, 좋은 결과물도 제시하지 못하고 이름만 걸치는 사람들. 모두들 착각 속에 빠져서 사는 것이다. 결국 자신이 가장 잘할 수 있는 분야를 찾아 땀과 열정을 쏟는 것만이 그 사람을 빛나게 한다. 자기에게 주어진 재능을 알고 그 안에서 최선을 다하는 것이 광고 창의성 향상의 또 다른 길이 아닐까 싶다.

현실적인, 너무나 현실적인 유쾌한 재치

선생님은 욕심의 절제를 강조하시는데, 그렇다면 광고의 창의성이란 무엇일까요?

□■■ 글쎄요. 잔머리라고 생각해요. 상 받는 광고하고 소비자를 설득

하는 광고는 다르죠. 저는 영화 광고를 주로 했는데, 그때는 영화가 별 볼일 없어도 손님 많이 오게 하는 광고를 최고로 봤어요. 그래서 제가 많이 팔려다녔죠.

요즘에는 특히 영화 광고의 영향을 많이 받는 것 같습니다.
□■■■ 지금은 노골적으로 영화 예고편을 개봉 전에 소개해주는 프로들이 많아졌어요. 예전에 「모스크바는 눈물을 믿지 않는다」(1989) 같은 영화는 우리가 처음 뚫었어요. 사실 국내에 들어온 두 번째 소련 영화였는데, 첫 번째처럼 해서 「9시 뉴스」에 나오게 했어요. 광고도 매체 선택이 중요하잖아요? 우리는 홍보 매체를 개발한 셈이죠.

그러니까 카피만 쓰신 게 아니고 종합적인 영화 마케팅 전략을 세우셨네요?
□■■■ 그렇죠. 학생들 모집해서 광고지 나눠주는 방법까지 제가 연구를 해서 모든 수단을 동원했어요. 하길종 감독의 「바보들의 행진」(1975)이라는 영화 광고를 할 땐데, 8단짜리 신문 광고비가 너무 비싸요. 그래서 생각 끝에 안내 광고 1단 10㎝를 사서 절반으로 나눴어요. 그리고 나서 왼쪽 지면의 맨 위쪽에 '병태' 그리고 오른쪽 지면의 맨 아래쪽에 '영자'라고 까만 바탕에 흰 글씨로 쓰고 하 감독을 팔았지요. 그러니까 8단 광고의 효과가 났어요. 그런데 싣기가 쉬운 일이 아니어서 신문사 찾아가서 조판하시는 분들하고 소주 마시면서 사정을 이야기했죠. 이거 안 하면 회사에서 잘린다구요.

변형 광고를 시도하셨군요?

□■■■ 네. 그리고 스티커에 영화 광고 넣는 것도 제가 먼저 시도했어요. 화장실 눈높이에 붙여 병태와 영자를 앉아서도 볼 수 있게 했더니 그 다음부터 "하수구 뻥 뚫어~" 이런 것들이 막 나붙더라고요.

영화 광고에서 톡톡한 재미를 보셨군요?

□■■■ 네. 지금은 흔하지만 린다 블레어 주연의 「헬 나이트 *Hell Night*」(1982)라는 영화의 심야극장 아이디어도 제가 처음 냈어요. 그때는 통행 금지가 될 때까지 시간 끌어서 여자들 집에 못 가게 하는 방법이 많이 쓰였어요. 영화 마지막 회 보고 시간 끌어서 버스 끝난 다음 못 가게 하는 그런 수법을 쓰던 시절이었거든요. 그런데 나중에 통금이 해제됐는데도 영화가 늘 그 시간에 끝나는 거예요. 그래서 「헬 나이트」를 하면서 좀 새롭게 밤 12시에 영화를 시작해보자는 생각으로 대학교 앞에서 막 공짜로 초대권을 나눠줬어요. 애인이랑 같이 오라고요. 카피는 「한여름 밤 심야 쌍쌍 공포파티」 이런 식으로 했는데, 영화 보는 즐거움이라는 게 영화 보는 데만 있는 게 아니거든요. 건수를 만들기도 하고, 끝난 다음 소주 한잔을 하구……. 그래서 12시에 쌍쌍을 부르면 여관 가는 애들이 몇 명이나 될까, 바로 집에 가는 애들도 있을까, 이런 이야기를 하면서 12시에 하자고 했어요. 700쌍을 초대하고 일주일에 한 번씩 전화를 계속 걸었어요. 그런데 당일 저녁 11시 30분까지 썰렁한 거예요. 그래서 영화사 전무가 왜 이런 쓸데없는 짓을 해서 집에도 못 가게 하냐며 엄청 투덜댔는데, 11시 50분쯤 창밖을

보니까 정말 난리가 났어요. 떼거지로 몰려왔어요. 허리우드 극장 1,350석이 꽉 차서 서서 보는 일이 생겼어요. 한마디로 심야극장이 대성공을 했어요. 그래서 밤 12시에도 사람들이 모인다는 확신을 갖게 되었죠. 나중에 서울극장에서 근무할 땐데, 정인엽 감독이 「애마부인」(1982)을 심야상영하자는 거예요. 아마 최초의 공식적인 심야상영 영화일 겁니다.

이전에 없던 시장을 새로 만들어낸 사례이군요?
□■■ 네. 제가 낸 심야극장 아이디어가 먹어준 거죠. 또 제목이 '애마부인' 이니까 이번에는 카피도 좀 에로틱하게 써보고 싶었어요. 그래서 「애마부인은 밤 12시에도 합니다」 「애마부인은 밤 12시에도 돌립니다, 영사기를!」 이런 카피를 썼어요.

전유성은 개그뿐만 아니라 총체적인 문화산업에 지대한 영향을 끼치면서 그 계통에선 아이디어 뱅크 또는 교주 대접을 받고 있다. 개그맨들 사이에서는 아이디어 회의를 하다 궁해지면 그에게 자문을 구하는 일이 많다고 한다. 그때마다 그는 "그냥 쥐어짜는 거야"라고 말한다. 머리를 쥐어짜는 것과 그만의 창의성인 잔머리는 무관한 듯 보이지만, 뒤집어보면 깊은 관계가 있음을 알 수 있다. 즉, 그가 말하는 잔머리란 이런저런 궁리 끝에 나오는 현실적인 너무나 현실적인 유쾌한 재치라는 것이다.

그는 엄청난 분량의 책을 읽으며 늘 뭔가를 읽고 메모하는 습관이 몸에 배어 있다. 개그 프로그램에 출연하기 전에 메모장에서 아이디어를 고

전유성의 아이디어는 이전에 없던 새로운 시장을 만들어내기도 했다. 지금은 흔한 풍경이 되어버린 심야극장 아이디어는 그가 가장 먼저 시도한 것이다. 주위 사람들은 쓸데없는 짓을 한다며 투덜대거나 말렸지만, 결과적으로 그의 심야극장은 대 성공을 거둔다. 한마디로 그가 낸 아이디어가 적중한 것이다. 그가 서울극장에 근무할 때 상영된 「애마부인」은 최초의 공식적인 심야상영 영화라고 할 수 있다. 그는 당시 '애마부인' 이라는 제목에 걸맞게 카피 역시 에로틱하게 써보고 싶었다고 한다. 그래서 탄생한 카피가 「애마부인은 밤 12시에도 합니다」, 「애마부인은 밤 12시에도 돌립니다. 영사기를!」 등이다.

르기도 하는데, 이 역시 광고 창작자에게 필요한 덕목인 주변의 사물을 잘 관찰하고 그것을 메모하는 것과 연결된다. 엄청난 정보를 축적한 후 그것을 쥐어짜내는 피나는 노력과 인간에 대한 끝없는 호기심은 그를 걸 어다니는 아이디어 뱅크요 백과사전이라고 부르게 하는 원동력이 된 것 이다.

빼기의 미학

좋은 광고를 만들려면 어떻게 해야 할까요?

□■■ 광고주들 만나서 대화를 해보면 별별 말을 다 하고 싶어하죠. 이 것저것 다 간섭하려면 뭐 하러 광고회사에 맡기는지 모르겠어요. 광 고회사 사람들은 광고주의 그 많은 이야기 중에서 빼주고 걸러주는 작업을 하는 거지요. 뭔가 제시하기 전에 먼저 걸러주고 빼주는 일을 해야 한다고 생각해요.

빼기의 미학입니까?

□■■ 그렇겠지요. 더하는 게 아니라 빼주는 작업이라고 생각해요. 광 고주가 상품에 대해 제일 많이 알긴 하지만, 욕심이 너무 많고 뭘 해 야 좋을지 혼란스러워해요. 쓸데없는 것들을 다 빼고 그것을 쉽게 전 달하면 누구라도 알아먹을 수 있어요.

최근에 나온 『두 배로 벌면 열 배는 즐겁다』라는 책의 제목도 선생님이 조언한 걸로 알고 있는데 이것 역시 빼기를 한 결과인가요?

□■■■ 식당 운영을 생각해보세요. 처음에 10만 원 매상에 이익금 3만 원이 남는다고 쳐요. 그런데 만약 매상이 20만 원으로 오르면 6만 원 남는 게 아니고 보통 8-9만원 정도 이익금이 생겨요. 그래서 두 배로 벌면 세 배는 즐겁죠. 그런데 이렇게 표현하기보다는 열 배라고 하는 게 이런저런 복잡한 설명을 빼고 한 번에 귀에 쏙 들어오게 해요. 어쩌면 개그나 광고도 똑같은 이치가 통한다고 할 수 있겠지요.

전유성은 광고 수업을 제대로 받은 적이 없다. 그래서 그는 광고인들이 자주 쓰는 이런저런 전문 용어를 쓰지 않는다. 그렇지만 그는 그런 전문 용어들을 이미 오래전부터 스스로 실행해왔다. 이를테면 그가 영화 마케팅에서 시도한 이런저런 방법들은 요즘 말로 하면 통합적 마케팅 커뮤니케이션(IMC: Integrated Marketing Communications)의 초기 단계가 아니었겠나. 또한, 군더더기를 다 제거하고 쉽게 전달해야 한다는 생각은 그 스스로 경험을 통하여 체득한 고유판매제안(USP: Unique Selling Proposition)이 아니겠는가. 그는 이런저런 대중문화의 영역을 넘나들며 천부적인 창의성을 발휘하고 있었던 것이다.

제대로 잘할 수 없는 것은 절대로 하지 않는다는 스스로와의 약속을 굳건히 지켰기 때문에 오늘의 전유성이 있을 수 있다. 그는 잠깐 폭발적인 인기를 끌다가 종적도 모르게 사라져버리는 반짝 스타들과는 근본부터 다르다. 그가 어느 한철 대중의 폭발적인 지지를 끈 적이 있었느냐고 반문할 수도 있겠으나, 시간이 지날수록 더욱 빛이 나는 그의 가치를 인정해야 할 것이다.

굳건하게, 지속적으로, 잊혀지지 않고 사랑을 받는 것이 대중문화에 있어서 '영웅'의 본질인데, 이는 곧 스스로 자신의 브랜드를 창의적으로 관리하여 파워를 키워온 개인의 황홀한 역사이다. 광고 한두 편의 성공에 대한 세간의 칭찬과 이런저런 스카우트 제의에 취해도 너무 취한 나머지, 광고회사 여기저기를 옮겨다니다가 자기 관리에 실패하여 결국에는 통닭집을 운영하는 헛똑똑이들을 보라. 그에 비해 자기 밥그릇의 분수를 아는 전유성의 선택은 얼마나 영악스러운가.

욕심의 절제와 냉정한 감별사

라디오 광고는 20초의 미학이다. 영상 없이 소리로만 전달하되 듣는 이의 마음속에 영상이 떠오르게 해야 한다. 그래서 마음의 극장(the theater of the mind)이라고도 한다. 여기에는 소리가 보일 수 있을 정도로 라디오 광고를 잘 만들어야 한다는 뜻이 담겨 있다. 그래서 4대 매체 광고 중에서 가장 만들기 어렵다. 전유성은 이 어려운 라디오 광고를 무리 없이 소화함으로써 마음의 극장을 제공하는 데 남다른 능력이 있다. 그는 『컴퓨터 일주일만 하면 전유성만큼 한다』 등 자신의 책에 대한 광고는 물론 이런 저런 숱한 라디오 광고에 보이스 텔런트로 출연하여 개그풍 광고의 진수를 보여주었다.

그로부터 개그와 유머 광고의 차이를 들어보자.

유머 광고 작법

일반 개그와 유머 광고는 뭐가 어떻게 다를까요?

■■■광장히 유기적인 관계가 있다고 봐요. 코미디 프로가 재미없어지기 시작한 이유가 있거든요. 언젠가 미국 시트콤을 보니까 웃음소리가 막 나온단 말이에요. 그래서 우리 방송에서도 시도하기 시작했죠. 아줌마들을 불러서 그냥 보여줬는데, 웃지 않으니까 손을 들어서 웃으라고 신호를 보내고, 그러다보니까 억지웃음이 끼어들구, 전문방청객이 생겨나 웃는 연습하고 그랬어요. 그런데 그러면 절대로 개그가 못 돼요. 억지지요. 예를 들어 정상적으로 대사를 하다가 갑자기 얼굴을 쳐다보며 "너, 어제 술 먹었지?"라고 하는 게 웃기잖아요. 이렇게 아무 대가없이 엉뚱하게 웃기는 것이 개그라면, 유머 광고는 자연스럽게 웃기면서도 세일즈 메시지를 절묘하게 담아야 하겠지요.

노출 빈도에도 차이가 있어요.

■■■심각한 것도 유머로 풀면 풀리는데, 개그는 일회성이고 유머 광고는 상당 기간 나가니까 다르지요. 일회성은 한 번 하고 끝내버리면 되지만 유머 광고는 계속 나오니까 훨씬 더 어렵겠지요. 볼 때마다 재미를 줘야 하니까요. 카피도 유행을 타야 해요. 예전에는 유행어를 만든 개그맨을 데려다 썼는데 지금은 바뀌었죠. 오히려 광고 카피를 개그 쪽에서 패러디하는 보완관계가 더 많아졌어요.

그렇다면 개그 대사와 광고 카피 중 어느 쪽이 쉽게 유행을 탈까요?

□■■■ 지금은 차이가 없다고 봐요. 과연 얼마나 상황에 적절한 표현인가에 따라 달라지겠고, 연기자가 얼마나 그럴싸하게 웃기느냐에 달려 있다고 봐요. 아이들은 유머 광고를 더 쉽게 따라하잖아요.

광고 창작자 입장에서는 억지로라도 유머 광고를 만들어야 한다는 점이 가장 큰 고민이거든요.

□■■■ 그게 직업병이죠. 우리도 웃겨야 한다는 직업병에 시달려요. 그래서 직업병에 시달리는 개그맨에게 보상금을 지급하라며 농담을 해요. 광고인도 그래요. 처음에 한 번 볼 때는 웃기는데 그 다음에 보면 재미없는 광고들이 많아요. 그래서 저는 광고 섭외가 들어오면 계속 웃을 수 있는 광고를 만들기 위해 아이디어 회의부터 참여해요. 예를 들어, 밥통 광고를 맡으면 밥통 개발한 사람들을 직접 만나봐요. 그분

들을 만나보면 정말 죽이는 카피를 갖고 있어요. 그런데 대개 현장에도 가보지 않고 머리로만 쓰니까 자꾸 엉뚱한 방향으로 가지요.

엄청난 모델료를 받으면서도 정작 촬영장에 와서는 바쁘니까 빨리 찍었으면 좋겠다고 재촉하는 스타도 있어요.

□■■ 바쁘다는 핑계로 그러는데 참 어리석은 짓이죠.

아이디어도 직접 내시는데, 어떻게 해야 좋은 아이디어가 나올까요?

□■■ 제품에 대한 이야기를 무진장 많이 하고 잡담을 많이 해야 하는데, 그 잡담을 잘 메모해두는 습관이 필요하다고 생각해요. 저는 그때그때 떠오를 때마다 메모를 많이 하는 편이에요. 인사동에 '학교종이 땡땡땡' 이라는 카페를 열 때도 전에 해놓은 메모를 참고했어요. 언젠가 신문 해외 토픽에 카터 전 미국 대통령 기사가 났는데 참 충격이었어요. 이 사람이 처음 대통령의 꿈을 가진 때가 초등학교 4학년 때였다고 하거든요. 지금도 선거 개표 방송을 하면 후보들은 중앙당사에서 보는데, 카터는 자기가 처음 대통령이 되고 싶어했던 초등학교 4학년 때 교실의 자기 자리에 가서 개표 방송을 들었다고 해요.

퍽 인상적인 이야기네요.

□■■ 네. 사람들의 꿈이 제일 컸을 때가 초등학교 시절이다 싶어 바로 메모했어요. 누구나 다 지나온 시절이 있으니까 언젠가 한번 그런 컨셉트로 테마 카페를 만들려고 생각했고, 때가 되자 '학교종이 땡땡

땡' 으로 이름을 지었어요.

평소 메모를 얼마나 많이 하세요?

□■■ 참 많이 해요. 제가 메모를 얼마나 많이 했냐 하면, 언젠가 메모 쪼가리 전부 버리지 않고 모아서 액자 800개에 넣었어요. 그걸 진열했는데, 전시 공간에 다 못 걸었어요. 지금도 아이디어를 어디서 얻느냐는 질문을 많이 받는데, 나는 그냥 잡담을 하는 도중에 인상적이었던 것은 꼭 메모를 해요. 아니면 그냥 허공에 날아가거든요. 그리고 나중에 필요할 때 그때그때 머릿속에서 꺼내 써요. 저장되어 있는 것들을 순간순간 꺼내 쓴다고 봐야 하겠지요.

낙서나 메모 속에 보석들이 많지요.

□■■ 네. 그리고 광고회사 회의는 딱딱하게 하면 안 돼요. 해도 해도 아이디어가 안 나오면 갑자기 '무궁화 꽃이 피었습니다' 를 한다든가 닭싸움을 한번 한다든가 해서 분위기를 바꿔야 해요. 또, 엄격하게 말해서 크리에이터는 창작에 관련된 일만 하게 해야지 다른 행정적인 일은 맡기면 안 돼요. 출근을 좀 늦게 하든 일찍 나오든 정말 자유롭게 내버려둬야 해요.

그 밖에 중요한 것은?

□■■ 언젠가 강의를 하면서 광고인들에게 광고에서 제일 중요한 게 뭐냐고 물어봤어요. 사람들은 기획력이나 카피 이런 것들을 들먹거려

요. 그래서 제가 그랬죠. 아니다, 제일 중요한 것은 선금을 받는 거다, 라고 말이죠. 하하하. 선금을 받지 않으면 아이디어가 안 떠올라요. 돈을 받아야 역시 좋은 카피가 나오고 그러는 것 같아요. 일종의 프로 의식인데, 돈을 적게 받으면 아무래도 신경을 안 쓰거나 덜 써요.

정직함으로 승부하라

2001년 11월, 전유성은 웃음을 아낌없이 내다 팔기 위하여 사재를 털어 홍익대 앞 씨어터 제로에 '코미디 시장'을 열었다. 재래식 시장에 물건을 내다 팔 듯, 여러 종류의 웃음을 마구 아낌없이 내다 팔겠다는 뜻이 담겨 있는 이곳에서, 단원들은 그를 시장님이라고 부른다. 단원 모집도 다른 조건이 없이 접수순으로만 한다는 코미디 시장의 시장님은 접수순서가 곧 열정과 비례한다고 믿는다.

제대로 된 코미디 교육기관이 없고 방송국 시험이 거의 유일한 통로인 것이 우리 연예계의 현실이다. 더구나 나이가 차면 오디션에 응할 수도 없어 밤무대나 기웃거려야 하는 판이다. 그렇게 월급쟁이나 자영업자로 살아오다가 어느 순간 남을 웃기며 살아야 할 인생이라고 대오각성하고 찾아든 단원들은 그로부터 정직함부터 배운다고 한다. 그는 광고에서도 가장 중요한 덕목이 정직함을 그럴듯하게 표현하는 것이라며 힘주어 강조했다.

광고에서 가장 중요한 것은 무엇일까요?

□■■ 정직함이죠. 사실은 제가 사진 찍는 것을 좋아해요. 여러 매체에서 사진을 싣자고 그러는데 내 여행기에만 싣고 다 안 실었거든요. 그러다가 제가 거절할 수 없는 선배의 요청이 하도 심해서 '실패전'이라는 타이틀로 내보냈어요. 보통 사진 전시회를 하면 자기가 찍은 것 중에서 가장 좋은 것을 뽑아서 싣잖아요. 하지만 그런 건 잘 찍는 사람들 일이고 난 못 찍는 사람이니까, 내가 찍어서 실패한 것만 실었어요. 이중노출된 것, 날아간 것, 잘못 찍힌 것들을 모아 실패전을 연 셈이죠. 그리고 카피를 「이제, 잘못한 것, 실패한 것을 실패했다고 말할 수 있는 50대가 많이 나와야 좋은 세상이 됩니다」라고 써서 포장을 했어요. 사실 정직한 것이 제일 편해요. 방송이나 광고나 다 마찬가지라고 봐요.

광고도 그럴까요?

□■■ 네. 정직하지 않아도 당장 매출은 올릴 수 있지만 소비자는 호구가 아니거든요. 정말 죽여주는 광고 카피라는 게 뭐예요? 종로 1가에서 종로 5가까지 걸어가며, 구두약이나 이런저런 잡동사니들을 파는 사람들이 얼마나 진지하고 정직하게 물건을 파는지를 보세요. 저는 그들이 모노드라마를 한다고 생각해요. 입으로 최고의 카피를 쓰는 사람들이죠.

요즘 학부모들 사이에서 창의성 교육이 유행인데, 그런 일반적인 의미의 창의성과 광고의 창의성은 어떻게 다를까요?

□■■ 분명히 다른데, 그러나 어렸을 때부터 그런 훈련을 해오던 사람들이 나중에 광고 일을 하면 훨씬 더 도움이 되지 않을까요? 광고의 창의성이란 남을 설득하는 기술인데, 그러니까 대중 심리나 소비자 심리도 알아야 하고 아동 심리학도 공부해야 하겠지요. 남들이 잘 모르는 난해한 그림을 그려놓고 창의적이라고 하는 것도 중요하겠지만, 광고 창의성은 정말로 남을 설득시키고 돈으로 연결해야 하기 때문에 본질적으로 달라요.

사전에 미리 창의적인가 아닌가를 어떻게 평가할 수 있을까요?

□■■ 50살까지 끊임없이 노래를 부르고도 히트 못 한 가수는 히트곡을 못 내봤기 때문에 히트곡이 어떻게 히트가 될지를 몰라요. 그래서 평생토록 신곡을 내면서도 계속 실패하는 거거든요. 그런데 어린 시절에 히트곡을 내본 사람들은 '아~. 이건 된다, 안 된다'를 알아요. 광고도 마찬가지라고 봐요.

창의성을 높일 수 있는 방법은?

□■■ 저도 광고인들에게 많이 배워요. 기발한 광고들 참 많잖아요. 창의성 훈련이라는 게 이런 거지요. 열받을 줄 아는 자세라고나 할까요? 어떤 좋은 광고가 나오면 무진장 열받는 거예요. 왜 난 저런 생각을 못 했나 하구요. 그래서 그것을 뛰어넘을 수 있는 다른 뭐가

없을까 끊임없이 궁리해야 된다고 생각해요. 개그에서도 그렇고 광고에서도 마찬가지지요. 좋은 것에 열받고 자극받아 분발해야 하는 거죠.

전유성은 콤플렉스를 승화시켜 분발하는 힘이 창의성 향상에 도움이 된다고 확신한다. 사실 모든 위대한 완성은 지독한 열패감을 안겨준 콤플렉스를 극복하려고 몸부림치는 순간부터 시작되는 것인지 모른다. 그는 돈이 많거나 학벌 좋은 사람의 앞이 아니라, 자신이 따라할 수 없는 빛나는 아이디어 앞에서 가장 큰 좌절감을 맛본다고 한다. 좌절을 털고 일어서기까지 시간이 걸리기도 하지만, 그때마다 그는 늘 새로운 결과물을 가지고 대중 앞에 섰다. 『남의 문화유산답사기』『조금만 비겁해지면 인생이 즐겁다』『하지 말라는 것은 다 재미있다』『컴퓨터 일주일만 하면 전유성만큼 한다』『인터넷 일주일만 하면 전유성만큼 한다』 등 자신이 직접 쓰고 이름을 단 책들에서도 그의 새로운 시도들이 엿보인다.

절제하는 자가 아름답다

50대 중반까지 영원한 현역으로 활동하시는 비결이 있다면?
□■■□ 저는 그저 분수를 지키는 것이라고 생각해요. 앞에서도 말씀드렸지만 자기가 할 수 없는 것은 안 해야 해요. 방송 섭외 들어오는 것 다 하면 무진장 많이 할 텐데 그건 안 돼요. 자기가 잘할 수 있는 것만

해야 해요. 광고하는 사람들도 마찬가지라고 봐요.

광고회사나 광고주에게 꼭 하고 싶은 말씀은?

□■■■ 대개 A안, B안, C안을 준비하는데 세 개가 다 좋아서 가져가는 것은 아니잖아요. 광고주 입맛에 맞추느라 구색으로 하나 더 집어넣기도 하는데, 광고주가 고르는 건 안 골라줬으면 하는 시안일 때가 많아요. 즉, 아무 문제가 없는 것을 고른다는 거죠. 그러나 문제가 없을 뿐이지 재미는 없어요. 문제없는 것을 골라 안전하게 가지 말고 문제를 일으킬 소지가 있는 것들을 골라야 해요. 그리고 광고회사도 자기 소신껏 하나의 아이디어로 밀고나가야 하구요.

결국 아이디어에 소신을 가지라는 말씀이시죠?

□■■■ 네. 확실한 것이면 소신껏 밀고나가야 해요. 사실 사소한 데에도 아이디어가 있어요. 참 잘 쓴 카피들이 있는데, 아쉬운 점은 '순서만 바꿔도 눈에 띌 텐데' 하는 거예요. 순서만 바꾸고 글자 크기만 다르게 해도 확실히 달라요.

전유성은 좋은 아이디어를 내기 위해 온종일 끊임없이 궁리해도 그 궁리를 같은 위치와 같은 시선으로 하면 아무 소용이 없다고 강조한다. 시선의 위치 바꿈, 생각의 위치 바꿈, 단어의 위치 바꿈, 그리고 자기 능력에 대한 위치 바꿈을 통하여 끊임없는 변신을 시도해야 모름지기 아이디어의 차원이 달라진다는 것이다. 그는 제대로 할 수 없는 것은 절대로 하

지 않는다는 원칙, 다시 말해서 그만의 창의성 개념인' '욕심의 절제'를
바탕으로 30년 세월을 넘나들며 지금도 신인 같은 패기로 무장한 채 대중
문화의 지형도를 그려가고 있다.

　　　　모든 불행은 자기 능력의 과신에서부터 비롯된다고 한
다. 실제로 많은 사람들은 자기 능력을 너무 믿은 나머지 욕심을 절
제할 줄 모른다. 그러나 전유성은 스스로 자기 능력에 대한 냉정한
감별사가 되어 자신에게 어울릴 법한 재치와 순발력만을 가려 뽑아
소중하게 자신의 브랜드를 가꿔왔다. 이러한 그의 연예 인생을 보
면, 광고 창의성이란 꼭 좋은 아이디어를 내는 능력만을 뜻하는 것
이 아니라는 점을 알 수 있다. "학교종이 땡땡땡, 어서 모이자~. 전
유성이 우리를 기다리신다~."

용병술에 능한 창작의 지휘봉

이성구

천재의 길과 지도자의 길
더 좋은 것은 분명히 있다

1949년생. 홍익대 응용미술학과 및 한양대 언론정보대학원 졸업 후 일본 게이오대 경영대학원 수료. 제일약품, 제일기획, 농심기획을 거치는 동안 광고와 인생이 보다 큰 화폭에 그려지기를 갈망한 크리에이티브 지도자이다. 그는 '다르되 더 좋은 표현'이 광고 창의성의 개념이라고 믿고, 사람들 속에서 늘 뭔가 더 좋은 것을 찾으려고 했다.

지도(地圖)가 있음으로 우리는 길을 떠난다.

천재의 길과 지도자의 길

지도자(指導者). 한 분야의 중심에 서서 비전을 제시하고 이끌어가는 사람을 일컫는 말이겠지만, 한 치 앞도 보이지 않는 절박한 순간에 지도(地圖)를 지니고 있는 사람으로 해석할 수도 있겠다. 지도의 운명이란 도대체 무엇이겠는가? 절박한 상황에서는 나아갈 길을 알려주는 구세주 같은 존재이지만, 상황이 끝난 후에는 가차 없이 버려지거나 잊혀진 채 처박히는 신세가 아니겠는가. 하지만 그 지도가 있어서 우리네 여행은 얼마나 풍요로웠던가. 그래서 일찍이 헝가리 태생의 미학자 게오르크 루카치는 "하늘의 별이 우리의 지도가 되어 길을 밝혀주던 시대는 얼마나 행복했던가"라며 자못 감격스럽게 고대 그리스 문화를 그리워하기도 했다.

슬프게도 오늘날 광고 창작자의 허영과 자만은 겁도 없이 부풀어올라 세상에 무서울 게 없는 듯하다. 그러나 오랫동안 가르쳐준 선배를 무참하

게 버려도 그 배신에 결코 분개하지 않고 오히려 새로운 길 안내를 해줄
또 다른 지도를 제공해주는 사람이 우리 광고계에 있다는 사실은 얼마나
행복한 일인가.

이성구는 자신의 재주가 너무 뛰어나 그 재능만을 너무 믿다가 결국
에는 망가지고 요절하는 자칭 천재들이 우글거리는 광고판의 지도자라
할 만하다. 이제부터 그가 꺼내준 지도를 참고삼아 크리에이티브의 길을
떠나보자.

다르게, 더 낫게

도대체 광고 창의성이란 무엇일까요?

□■■■ 퇴근할 때 버스 탈까, 전철 탈까, 택시 탈까, 이렇게 고민하는 것
이 다 창의성이니까 창의성을 광고인의 전유물처럼 생각하면 안 돼
요. 전에 나왔던 것이나 딴 사람이 한 것보다 더 좋아야지, 다르게만
했다고 해서 독창적일 수는 없어요. 거기서 더 욕심을 부린다면 남이
따라하고 싶을 만큼 돋보여야 해요. 하지만 예전에 못 보던 것, 남이
하지 않은 것이 무조건 독창적인 것은 아닙니다. 예전에 못 보던 것,
남이 하지 않은 것이더라도 예전 것보다 좋아야 합니다. 독창성은 먼
저 것과 다르되 더 좋아야 한다는 것입니다. 멕시코 올림픽 때 높이뛰
기 선수 포스베리가 있었습니다. 다른 선수들은 모두 앞으로 뛰는데
그는 등 뒤로 뛰어넘었어요. 그 전까지는 뒤로 뛰는 선수가 한 명도

없었어요. 사람들은 처음에 '아, 저 놈 웃기네!' 하고 비웃었겠지요. 그런데 그 선수가 금메달을 땄어요. 그러자 그 다음 올림픽 때부터는 모두 배면뛰기를 해요. 완벽한 독창성의 조건은 남보다 다르게 더 잘해서 남이 따라하게 하는 것입니다.

또, 시드니 올림픽 때 수영선수 이안 소프를 생각해보세요. 지금까지 수영 기록 갱신을 위해서는 물의 저항을 줄이기 위해 가급적 옷을 많이 안 걸칠수록 좋다는 생각이 일반적이었죠. 그래서 다들 삼각 팬츠만 입고 했어요. 그런데 이 선수는 머리에서 다리까지 내려오는 옷을 입고 수영을 했는데 금메달을 땄어요. 아니나다를까, 아시안 게임에서 벌써 따라하는 선수들이 나왔습니다. 남하고 다르게 잘하고 남이 따라한 것, 이것이 독창성입니다. 그런데 광고에서는 어느 정도만 해도 창의성이 빛나게 되지요.

창의성 계발을 위한 교육은 어떻게 하면 좋을까요?

□■■ 브레인 쇼크 트레이닝(brain shock training)을 써요. 제가 만든 말인데, 아이디어 발상을 위해서는 뇌에 직접 충격을 주는 훈련이 필요하다는 뜻이지요. 어떻게 하느냐 하면 '애드 브리프'를 한 장 쓰게 하고, 곧바로 광고를 만들게 해요. 그런데 사실 A4 한 장짜리 브리프를 제대로 쓰는 사람이 없어요. 애드 브리프는 광고의 설계도이고 계약서인데, 200장짜리 광고 기획서를 A4 한 장에 요약하라고 하면 저네들이 그것을 어떻게 쓰겠어요? 그러니까 브리프를 하나 쓰게 하고 과제를 내줘요. 그런 다음에 트레이너들에게 교육을 시켜요. 그 과제

를 해서 가지고 오면, 좋든 나쁘든 새벽 1시 2시까지는 무조건 빠꾸시키라고 말이죠. 1박 2일 코스에서 제가 아침에 과제를 내주고 다음 날 아침에 과제를 발표하라고 하면서, 빨리 끝내고 일찍 자라고 말해요. 나중에 보면 분명히 일찍 자라고 했는데도 죽어도 안 자요. 새벽 2시 3시까지 1초를 안 자요. 그때쯤 되면 브리프를 들고 와요. 아이디어는 낼 수 있겠지만 브리프도 내라고 하니 얼마나 힘들겠어요. 그러니까 잘하는 사람 못하는 사람 무조건 1박 2일 동안 뇌를 한번 돌려봐라, 이런 말이지요. 게다가 트레이너들이 가져온 것들을 보고 나서, "야, 이 새끼야. 이게 아이디어냐? 어째 이것밖에 생각 못 해? 그리고 달랑 몇 개 내고 아이디어라고? 더 넓게 생각해봐!" 이렇게 쪼아대면 점점 아이디어의 폭을 넓히고 더 많은 아이디어를 내게 되지요. 그러니까 좋은 아이디어는 혼자서 다 마무리할 수 없고, 쓸모없는 아이디어 속에서도 좋은 아이디어가 있을 수 있다는 말입니다. 그래도 쓸데없는 아이디어라도 많이 내는 놈이 그래도 가능성이 있어요. 자꾸 많이 내다보면 나중에 좋은 게 나와요. 마치 천재인 듯 어쩌다 한두 개 내는 놈은 안 나와요. 그래서 많이 내게 해요. 많이 내게 하기 위해서는 자꾸 다른 것을 시켜야 하고 넓게 보도록 해야지요. 이런 교육을 부국장까지는 일 년에 한 번씩은 받아요. 그냥 교육을 시키면 지루한데 이런 방법을 쓰면 재충전이 되거든요. 어쨌든 브레인 쇼크 트레이닝으로 저는 많은 효과를 보았다고 생각해요.

30년 넘게 걸어온 외길 인생

시간을 뒤로 돌려보지요. 어떻게 해서 광고를 하게 되셨나요?

□■■저는 카피 한 줄 듣고 그냥 광고에 쏠려 들어갔어요. 처음에는 파인 아트(Fine Art)를 하려고 했는데, 고등학교 미술반 선생님의 권유로 금속공예과를 갔어요. 군대 제대하고 복학했는데, 우연히 선택 과목에 광고학이라는 게 있어요. 평소 영화나 영화 포스터도 좋아하고 그래서 그걸 선택 과목으로 들었는데, 교수가 「순간의 추억을 영원히」라는 코닥필름 카피를 소개하셨지요. 지금 생각하면 아주 촌스러운 카피지만 그 당시에는 가슴이 짜르르했어요. 그 후 광고에 관심을 갖고 조일광고전에도 출품하고 그랬는데 떨어졌어요. 어떻게 출품하는지도 몰라 그냥 냈는데 나중에 알고보니 썸네일 스케치를 출품한 거예요.

1973년 들어 유신 반대 데모가 심해지고 대학이 조기 방학에 들어가자 그 역시 오륙 개월을 놀았는데, 이때 그는 제일약품의 광고 경력사원 모집공고를 보게 된다. 그래서 그는 노느니 뭐 한다고 대학생 신분을 속이고 시험에 응시하려 했다. 그러나 그는 경력사원 모집에 신입사원이 응시했다는 이유로 창구에서 원서 접수를 거부당한다. 실랑이를 벌이는 동안 우연히 현장을 지나가던 그 회사 부사장이 "시험 보게 하는 게 뭐 어렵겠나? 시험 보게 해줘라" 하는 후의에 힘입어 시험을 봤고, 결국 일등으로 합격하여 그의 광고 인생을 시작하게 된다. 제일약품에서 약 보름 동안 반은 직장인 반은 학생 신분으로 일하다가 다시 유유산업으로 옮겼고, 거기에서도 한 3년 다니다가 돈을 많이 벌고 싶은 욕심이 생겨 그만두고 벽돌공장을 차리게 된다. 그러나 너무 잘되는가 싶어 친구들에게 맡겨놓고 돌보지 않아 결국 5개월 만에 다 망해먹고, 다시 1979년 3월에 제일기획에 입사하여 30여 년간 광고라는 한 우물만 파며 오늘에 이르고 있다.

그 사이 그는 한국방송광고대상 최우수상 2회 수상(1986, 1988), 런던광고제 수상(1986~1987), 클리오 광고제 6회 연속 수상(1985~1990), 칸광고제 은사자상 수상(1991)의 영광을 누렸다. 광고상이라는 것이 누구 혼자만의 영광이 아닌 참여한 동료 모두에게 돌아가는 것이기는 하지만, 그 중심에는 늘 그가 있었다. 그는 또한 쉴새없이 바쁜 와중에서도 광고 창의성에 관련된 두툼한 책을 두 권이나 출판했는데,『광고에서 창의력을 배운다』(1998)『광고ㆍ크리에이티브론』(1999)이 그것이다.

특히『광고에서 창의력을 배운다』는 지금까지 우리나라에서 나온 광고 표현에 관련된 책들 중에서 가장 돋보이는 수작이라고 본다. 대체로 광고 크리에이티브 서적들은 오길비, 번벅, 레오버넷, 영 같은 외국 광고인의 계보만 죽 나열하고 있다. 그래서 어느 책을 봐도 우리의 광고 철학은 없고 오로지 외국의 광고 철학만 장황하게 소개하는 비슷한 내용이다. 하지만 이 책은 30년을 현장에서 보낸 어느 광고인의 뜨거운 고백록이자 광고 창의성의 교과서라 할 만하다. 자신의 경험에서 우러나온 독특한 관점과 입장이 논리 정연하게 전개된 이 책은, 우리의 광고 철학을 말할 때 반드시 짚고 넘어가야 할 기념비적 저작이라 할 것이다.

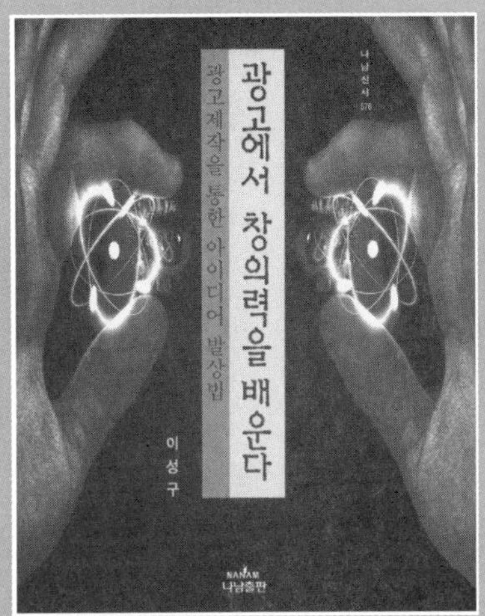

이성구는 바쁜 와중에도 광고 창의성에 관련된 두툼한 책을 두 권이나 출판했는데, 『광고에서 창의력을 배운다』, 『광고·크리에이티브론』이 그것이다. 특히, 『광고에서 창의력을 배운다』는 지금까지 우리나라에서 나온 광고 표현에 관련된 책들 중에서 가장 돋보이는 수작이다. 자신의 경험에서 우러나온 독특한 관점과 입장이 논리 정연하게 전개된 이 책은 우리의 광고 철학을 말할 때 반드시 짚고 넘어가야 할 기념비적 저작이라 할 것이다.

30년 하셨으면 좀 물리지 않으세요?

□■■■크리에이티브는요, 잠시라도 중단하면 못 해요.

네. 알아요. 저 역시 휴가에서 돌아와 아이디어 내려고 하면 잘 안 된 경험이 있어요. 재충전했으니까 더 잘 나와야 하는데 참 묘하더군요.

□■■■하하하. 많이들 외국 연수도 다녀오는데, 갔다오면 한동안 잘 안 되잖아요.

바쁘게 급하게 몰아치는 중간에 좋은 아이디어가 더 잘 나오는 것 같아요.

□■■■맞아요. 그러니까 무인도에 사람이 딱 떨어지면 전부 크리에이터가 된다고 하잖아요. 어떻게든지 살아야 하기 때문에, 밤에 짐승 오면 어떡하지, 비 오면 어떡하지, 뭐 먹어야지, 하며 길을 찾고 헤매잖아요. 그러니까 잠깐잠깐 쉬고 꾸준히 갈고닦아야지 너무 많이 쉬는 것은 오히려 문제가 있어요.

평소 일하시는 스타일은?

□■■■나는 많은 시간을 갖고 몰두하는 스타일이 아니죠. 한꺼번에 몇 가지가 같이 물려 돌아가야 일하는 것 같고 신이 나고 잘되고 그랬어요.

크리에이티브 지도자로서 길을 밝히다

공(功)은 후배들에게 돌리고 과(過)는 책임지는 경우가 많다고 들었는데요.

□■■ 크리에이터들은 성장하면서 생각이 달라져야 해요. 왜냐하면 자기가 잘하고 직접 해야만 직성이 풀리는 그런 크리에이터들은 수명이 확실히 짧아요. 내가 여태껏 쭉 봐왔는데, 초창기에 쨍~ 했다가 중간에 망가진, 정말 괜찮고 아까운 사람들 지금 좌~악 깔려 있어요. 그런데 계속 오랫동안 하는 사람은 자꾸 변신을 해나가는 특성이 있어요. 자기가 고참이 되면 후배들 띄워주고 공을 세우도록 도와주고 그래야 자신이 오랫동안 크리에이터로서 뛰는 길이지, 항상 직접 맡아서 일을 한다? 천만의 말씀입니다. 크리에이터는 그냥 창의력 반짝반짝하면 늙을 때까지 되요. 광고 표현은 급변하는 문화와 결부시키지 않으면 안 돼요. 나이 든 사람이 젊은 사람들 감각을 따라갈 수가 없어요. 그냥 자기의 천재성을 과신해서 후배들하고 똑같이 경쟁하기보다 그들이 볼 수 없는 큰 안목을 봐야 하고 성공은 모두 그들에게 돌려야 해요.

후배들 격려하는 것도 중요하지만, 후배가 단지 아이디어 단서만 제공했을 뿐이잖아요. 그들에게만 공을 돌리고 나면 아쉬움이나 갈등 같은 것은 없으세요? 전무님 역시 평판에 죽고 사는 광고 창작자니까요.

□■■ 광고를 혼자 한다고 생각하면 절대 안 돼요. 광고 크리에이터들은 조직 커뮤니케이션을 떠나서는 절대 할 수 없어요. 누가 카피 써줘

야지, 누가 찍어줘야지, 누가 디자인해줘야지, 누가 일 받아와야지,
광고주가 돈 대줘야지, 누가 매체에 실어줘야지, 알게 모르게 보통 삼
사십 명이 하는 일이거든요. 또, 자기의 낡은 지식과 새롭게 받은 데
이터 이런 것들이 다 합쳐져서 나오지, 혼자서 해서 한 큐에 보낸다는
것은 언어도단이지요. 일단 혼자 할 수 없다는 것을 인정하고 그 안에
서 아이디어의 타협점을 찾아야지, 무조건 누구 간섭받기 싫어하면
절대로 훌륭한 광고를 만들 수 없어요.

남 씹기 좋아하는 사람들이 혹시 창의성이 떨어지거나 아이디어 발상력이
부족하니까 후배들 관리하며 타협한다고 비판한 적은 없었나요?

□■■■ 왜 없었겠어요. 하지만 신경 안 썼어요. 본인의 창의성이 떨어지
면 관리도 못 해요. 남 칭찬에 야박한 크리에이터들이 결코 인정을 하
지 않을 테니까요. 그래서 어떤 때는 가끔 뭔가 보여줄 필요가 있어
요. 나는 한 20여 년 전에 크리에이터 중에는 스페셜리스트와 제너럴
리스트가 있다고 생각했어요. 고집스럽게 모든 것을 혼자 하려 하고
남들 의견을 전혀 안 듣는 사람이 스페셜리스트라면, 남들과 조화를
이뤄가며 양보하고 남의 아이디어도 수용할 줄 아는 사람이 제너럴리
스트라고 할 수 있겠지요. 그런데 우리나라 현실과 문화에서 보면 스
페셜리스트의 마음가짐으로는 어느 정도까지는 할 수 있겠지만 장기
간 하기는 힘들다고 봤어요. 그래서 내 자신을 죽이고 확실히 변신을
하고 조직을 감싸야 된다고 생각했지요. 그래서 저는 좋은 아이디어
가 있어도 절대로 먼저 말하지 않고 후배들 아이디어를 보며 간접적

인 방식으로 그들이 가진 능력을 유도해내려고 했어요. 끝까지 자기네들 아이디어라고 생각하게 하면 결국 마지막까지 최선을 다해서 완성도를 높일 테니까요. 후배들 감싸며 사기를 높여주고 저 역시 오래 버티기 위해서, 그동안 리더십이나 경영관리 그리고 언론정보학 같은 공부를 꾸준히 했어요.

후배들에게 성취감을 부여해주는 것이 크리에이티브 디렉터가 해야 할 일 중의 하나이겠군요.

□■■■네. 왜 모르는 놈이 아는 놈을 못 당하고, 아는 놈이 좋아하는 놈을 못 당한다는 말이 있잖아요? 광고 표현이란 정말 고뇌의 산물인데, 스스로 성취감을 전혀 못 느낀다면 어느 천년에 좋아하게 되겠어요. 사람들에게 성취감을 부여해주는 것이 크리에이티브 지도자가 할 일이라고 봐요.

크리에이티브 지도자라는 표현이 참 좋습니다. 그 말씀이 상당히 와닿거든요.

□■■■맞아요. 하지만 저는 이런 생각을 해요. 나한테 배웠느니 안 배웠느니 그런 말을 하든 말든, 축구로 말하자면 감독이나 코치 역할이라고 할까, 아무튼 같이 뛰면서 사람들을 지도하고 더 잘할 수 있는 분위기를 만들어주는 것이 중요하다고 봤어요. 나중에 후배들이 비싼 값에 팔려나가고 명성이 확 오르면 속으로 그렇게 기분이 좋아요. 선배는 후배들의 아이디어를 찾아서 스노우볼링(snowballing)하는 역할을 해야지요.

우리 문화에서 정치 지도자나 운동 지도자라는 말은 친숙하지만 크리에이티브 지도자라는 말은 얼마나 어색하고 촌스러운 조어인가. 그러나, 이제, 우리는, 주저하지 말고, 이성구를 가리켜 크리에이티브 지도자라는 말을 써도 무방할 듯하다. 광고 창작자들이여, 야근하다 문득 밤하늘을 한번 쳐다보시라. 지금 이 순간에도 내로라하는 스타들이 저마다의 별자리를 그리며 반짝거리고 떠 있겠지만, 그 중에서 10년 후에도 그 자리에서 여전히 빛나고 있을 사람은 몇 명이나 되겠는가?

이성구에게 광고 창의성의 길을 물어보니, 자신의 재능과 재주만을 너무 믿지 말고 함부로 빛나지 말라고 권유하였다. 이러한 그의 지혜가 앞으로 광고 창작자들이 나아가야 할 좌표가 될 수 있을까? 물론 그럴 수도 있고 그렇지 않을 수도 있다. 그러나 광고를 평생의 업으로 삼기로 작정한 사람이라면 이처럼 통이 크고 폭이 넓은 크리에이티브 지도자의 말을 귀담아들을 필요가 있겠다. 그리고 앞으로 그를 닮은 지도자들이 많이 나오기를 기대한다. 바로 이 점이 그가 후배들에게 알려주려 한 무언의 메시지가 아니었을까?

더 좋은 것은 분명히 있다

사람들은 알아주는 크리에이티브 지도자라면 당연히 광고 하나만 바라보고 거기에 자기의 모든 것을 걸었다고 생각할 것이다. 두루 알다시피, 한 분야에서 대가의 반열에 오르면 그 사람에 대한 미화 작업이 이루어진다. 심지어 치명적인 오점마저도 더 좋은 결과를 위한 밑거름이었다는 식으로 포장되는 경우가 얼마나 많은가. 하지만 그는 뜻밖에도 광고에 그렇게 몰두하지 않았다고 말했다. 혹시 열심히 하고서도 그렇지 않았다고 함으로써 겸손을 가장하거나 자신의 업적을 그럴싸하게 포장하기 위해 애면글면하는 듯싶어 몇 번이고 되물었으나, 그는 같은 말을 되풀이할 뿐이었다. 이는 곧 공개적으로 자기 부정을 하는 형국인데, 여기에서 광고 창의성의 또 다른 측면을 엿볼 수 있다.

절대 광고에 목매지 마라

30여 년간 광고 외길을 걷다니 참 대단하세요.

□■■■솔직히 말해서 난 몰두 안 했어요.

네? 몰두를 하지 않으셨다구요?

□■■■대부분의 사장이나 임원들은 부하 직원들이 오로지 광고에만 몰두하기를 바랍니다. 그러나 광고하는 사람들한테 그렇게 요구하면 결국 더 손해라고 봐요. 직원들이 광고 일을 열심히 하면서도 다른 활동을 하는 것을 지금보다 더 많이 용납해줘야 광고 본연의 업무를 더 잘할 수 있다고 확신해요. 광고 하나에만 몰두하면 능률도 저하되지만 그러기엔 인생이 너무 짧아요. 광고로 성취감을 느끼면 된다고 하겠지만, 그러기에는 시간도 짧고 세상도 넓고 인생의 즐거움이 너무 많지요. 광고와 그 밖의 관심사를 병행한다고 해서 일을 더 못하지는 않으니까요. 예컨대 강의를 나간다거나 책을 쓴다거나 어떤 취미생활을 한다거나 사회봉사를 한다거나, 좌우지간 광고만 하지 말고 다른 관심 영역을 갖는 것이 좋아요.

모두들 광고에 목을 매라고 하는데 좀 뜻밖이네요.

□■■■목매지 않아야 오히려 더 능률이 올라요. 어디 강의를 나가려면 강의 내용 준비 때문에 경험을 정리하게 되니까 스스로 이론이 서겠지요. 그런 경험이 나중에 프레젠테이션 능력 향상에 엄청난 도움을

주지요. 도움이 되었으면 되었지 실제 업무와 무관하지가 않아요. 그러니까 사장 입장에서 직원들 월급을 자기가 주니까 그들의 모든 것을 송두리째 갖겠다고 생각하는 것은 지나친 욕심이지요.

너무나 짧은 인생, 누구에게나 봄날은 가겠지요. 광고 창작자로서 길게 가려면 어떻게 살아야 할까요?

□■■■다양한 취미생활을 하는 것이 좋아요. 취미생활을 즐기다보면 광고가 물리지 않고, 아이디어가 안 풀리고 스트레스 받더라도 이쪽저쪽 왔다 갔다 하는 사이에 또 다른 느낌이 와요. 저는 짬짬이 그림도 그리고 집에 있는 비디오를 보기도 해요. 한 3천여 편 되죠. 음악이나 동식물도 좋아하고요. 그리고 봄이 되면 남도지방으로 난도 캐러 다녔지요. 하나는 일, 하나는 가족, 하나는 취미, 이 세 가지가 지탱이 되어야 결국 자기 일이 잘된다는 차원에서 이해하시면 됩니다.

이성구는 평소 메모를 즐겨 한다. 일본에 가서도 버스 값이 얼마고,

어디서 내려서 어디로 가면 뭐가 있고, 하는 것들을 여행 갈 때마다 남겨서 갔다 오면

노트 한 권 분량이 넘는데, 이런 메모들이 나중에 아이디어로 쓰일 때가 많다.

평소 메모를 많이 하신다고 들었는데요?

□■■네. 어디 해외여행을 가도 하나하나 자세히 메모를 해요. 일본에 가서도 버스 값이 얼마고, 어디서 내려서 어디로 가면 뭐가 있고, 하는 것들을 여행 갈 때마다 남겨서 오면 노트 한 권 분량이 넘어요. 나중에 아이디어로 쓰일 때도 있어요.

광고본부장 시절 한동안 경쟁 프레젠테이션에서 불패의 신화를 남겼다고 들었습니다. 특별한 노하우라도?

□■■승리는 조직의 힘이지 개인의 힘이라고는 할 수 없어요. 제가 다른 노하우를 갖고 있는 것은 아니고 이런저런 경험과 기록이 조금 많다고 할 수 있겠지요. 일단 프레젠테이션에 참여하기로 하면 이겨야 한다는 굳은 신념이 가장 중요해요. 참여하지 말아야 할 프레젠테이션을 골라내는 것도 중요해요. 기회가 주어지면 무조건 참여하는 경향이 있는데, 바보들이나 그렇게 하지요. 할 수 있고 하고 싶은 광고주를 찾아내서 접촉하는 것이 당연히 승률이 높습니다. 광고주가 경쟁을 시키게 된 진짜 원인이 무엇인지를 확실하게 알면 절반은 성공한 것입니다.

그것을 정확히 알기가 쉽지 않잖아요?

□■■맞아요. 그래서 경쟁이 끝나면 지건 이기건 기록을 해야 합니다. 실패도 자산이 된다고 생각하면 틀림없어요. 시작과 과정 그리고 결과를 추적하여 프레젠테이션이 끝난 후라도 제작물을 포함한 관련 기록을 가지고 있는 것이 정말 중요해요.

내용도 물론이지만 전달 방법도 중요하다고 보는데요.

□■■ 물론입니다. 한마디로 '겸손을 가장한 오만'이라고 봐요. 광고주의 요구와 광고회사의 주장이 다를 수 있는데, 이때 기술적인 타협도 중요하고요.

두 가지 화두를 가슴에 품고서

크리에이티브 지도자답게 그는 표현의 정교화를 완성 단계에서 가장 중요하다고 보고 광고의 완성도를 높이기 위해 끝까지 공을 들이라고 충고한다. 숱한 실패와 성공의 경험 속에서 그가 늘 지침으로 삼았던 것은 "뭔가 더 좋은 것은 없을까?"와 "전략은 크리에이티브하게, 크리에이티브는 전략적으로!"라는 두 가지 화두였다. 그는 크리에이티브를 전략적으로 푸는 사례로 노란 손수건 이야기를 예로 든다. 2003년 미군의 이라크 침공시 미국인들이 노란 손수건을 걸어놓고 파병 군인을 기다린다는 뉴스가 있었다. 이 노란 손수건은 「Tie a yellow ribbon round the old oak tree」라는 팝송에서 유래한 것으로 알려졌는데, 실은 단편소설에서 유래한 것이다.

요약하면, 어떤 사내가 죄를 지어 5년형을 받았는데 부인이 면회를 오자 기다리는 시간이 너무 길다 싶어 재혼을 하라고 권했다. 그런데도 계속 오자 면회를 사절했고, 그 후 3년이 지나 갑자기 가석방이 되었다. 그래서 부인에게 재혼 여부를 모르니 아직 결혼을 하지 않았다면 며칠날 마을 앞 떡갈나무에 노란 손수건 한 장을 달아놓으라는 편지를 썼다. 이 사람이 타고 가는 버스 안에 그 사연이 쫙 퍼지자 마을이 가까워질수록 버스 안은 점점 조용해진다. 어느 순간 한 여학생이 큰소리로 "노란 손수건이다"라고 소리쳤는데 나중에 보니 노란 손수건이 나무를 온통 물들이고 있었다는 내용이다. 누구나 집에 가는 것은 당연한 일인데 상황에 따라서는 집에 갈까 말까도 고민거리가 되며, 이때 전략적인 크리에이티브가 필요한 것이다.

크리에이티브는 전략적으로, 도대체 어떻게 하라는 것입니까?

□■■■ 생각해보세요. 노란 손수건 이야기를 보면, 수감된 것, 면회를 사절한 것, 재혼을 권유한 것, 재혼 여부를 모르는 것, 가석방 등의 사실이 있어요. 그렇다면 이 사람의 문제점은 무엇일까요? 광고 마케팅에서의 문제점이란 해결 가능한 것이어야 하는데, 면회 사절, 재혼 권유, 수감 사실은 이미 시점이 지났으니 어쩔 수 없고, 가석방 역시 통제할 수 없는 요소이니 아니고, 재혼 여부는 알아낼 수 있으니 이것이 바로 당면한 문제점이죠. 이에 대한 해결책으로 생각해낸 것이 나무에다 노란 손수건을 달게 하는 것이었죠. 바로 이런 것이 크리에이티브를 전략적으로 하는 경우라 할 수 있어요.

마찬가지로 전략을 세우는 데도 정말로 창의성이 필요해요. 무조건 자료만 디밀지 말고, 다소 비합리적일지라도 뭔가 크리에이티브한 포인트를 제시해야 해요. 몽테스키외가 말했듯이, 세상에는 합리적인 사람과 비합리적인 사람이 있는데, 문명의 발전은 비합리적인 사람이 만들어간다고 봐요.

컨셉트란 무엇입니까?

□■■ 광고에서 가장 중요한 것이 '무엇을 할 것인가' 와 '어떻게 할 것인가' 를 결정하는 일인데, 무엇을 할 것인가를 기술한 것이 컨셉트라고 봐요. 크리에이티브란 컨셉트를 남기는 방법이고, 이 두 가지를 잘 합치는 것이 광고예요. 따라서 컨셉트가 없는 것은 광고가 아니라 그냥 아트라고 봐야 해요. 컨셉트가 선명하게 살아 있으면 아트가 조금 지지부진해도 성공하겠지만, 컨셉트가 틀렸다면 제아무리 좋은 크리에이티브라도 아무런 가치가 없어요. 그래서 컨셉트는 정말 과학적으로 추출해야 해요.

그럼 컨셉트와 카피의 차이는요?

□■■■ 우리 광고를 보면 컨셉트 자체를 카피로 쓴 것이 태반이죠. 정보를 사실적으로 제시한 것이 컨셉트라면 설득적으로 제시하는 것이 실제 표현이라고 할 수 있는데, 대개는 그냥 사실 그 자체를 제시해버려요. 때로는 그런 광고들이 상도 받고 널리 알려지고 광고 만든 사람은 능력이 있다고 포장되는데, 실은 매체비를 퍼부어 알려진 것에 불과합니다. 정말 훌륭한 광고는 한방에 쏘아요. 일 년에 한 300억씩 그냥 쏟아 부으면 무엇이든 광고 효과를 보게 하는데, 그런 것은 광고가 아닌 추상화로 봐야지요. 광고본부장 시절, 016 PCS에서 전화와 문자 메시지가 동시에 되는 서비스가 나와 '채팅도 된다' 는 점을 컨셉트로 정했는데, 신문 광고 헤드라인을 「채팅도 된다」로 그대로 썼어요. 그러나 경쟁사는 통신 수단에 재미가 합쳐진 「지문이 닳도록 두드려라」

를 헤드라인으로 썼어요. 이를 안 광고주가 발끈해서 경쟁 프레젠테이션으로까지 갔어요. 우리는 광고주가 한 이야기를 사실 그대로 옮긴 것에 지나지 않았어요. 광고주의 의도를 소비자 혜택으로 바꿔야 했는데, 그것을 놓친 거지요.

카피 출신이냐 아트 출신이냐에 따라 카피를 보는 입장이 다를 것 같은데요.

□■■■ 네. 일단 카피라이터 출신들은 굉장히 논리 추구형인 데 비해 아트 출신들은 상대적으로 카피 출신보다는 비논리적인 측면이 많아요. 사람들이 광고를 볼 때 대개는 먼저 시각적인 느낌을 접한 다음에 언어 표현으로 넘어가요. 그런데 이중 코드화 이론에 의하면 시각적인 것과 언어적인 것이 서로를 강화시켜 효과를 높인다고 했어요. 아무래도 보는 안목이 다르겠지요. 다만 디자이너들이 막연하게 그림 좋다고 우기는 병폐는 깊이 반성해야 하고, 카피라이터 역시 대책 없이 한 줄 내갈긴 다음 무슨 명작이나 쓴 듯이 요지부동으로 버티는 것도 고쳐야 할 고질병입니다.

결국 표현의 정교화가 필요하겠네요.

□■■■ 네. '뭔가 더 좋은 것은 없을까?' 는 마지막 순간까지 어떻게 하면 광고물이 더 좋아질지를 계속해서 고민하는 것입니다. 고민을 하면 확실히 달라져요. 1994년 무렵 삼성 바이오 냉장고 광고에서 마지막에 고양이가 씩 웃는 장면이 있었어요. 처음 편집을 끝냈는데, 뭔가 좀 허전해서 훅이 하나 있어야겠다 싶어 고민을 했죠. 그래서 고양이

를 웃게 하면 어떨까 하는 아이디어가 나온 거예요. 그날 밤새 컴퓨터 그래픽에 의한 워핑(warping) 작업을 해서 고양이를 웃도록 만들었지요. 결과적으로 대단한 성공을 했고, 그 후 동물들이 웃는 광고들이 계속 나왔습니다.

016 PCS 「소리가 보여요」 광고 역시 프레젠테이션 준비를 끝내고 설명의 시간이 오기를 기다렸는데, 광고주 사정으로 하루가 연기되었어요. 그래서 한 번 더 회의를 해본 결과, 「소리가 보여요 거짓말도 보여요」로 바뀌었고, 이 광고로 016 PCS는 시장에 쉽게 진입할 수 있었어요. 기획이나 제작 그리고 촬영 편집 과정에서 조금씩만 공을 들이고 끝까지 물고늘어지면 결과물이 확실히 달라질 수밖에 없어요.

표현의 정교화를 누구보다도 강조하는 그는 자기 인생을 걸 만큼 광고에 몰두하지는 말라고 하면서도, 일을 하는 순간에는 지독한 열정과 노력을 쏟아야 한다고 강조한다. 그의 역작 『광고에서 창의력을 배운다』를 보면, 아이디어는 몰입과 몰두의 산물이다, 가보지 않은 길을 겁내지 말아야 한다, 대화 속에서 황금 같은 헤드라인을 얻는다, 논리적 근거 없이는 아무도 설득할 수 없다, 상급자는 프로젝트에 부하를 관련시켜라, 콘티는 설명이 채택을 좌우한다, 그림이 먼저인가 카피가 먼저인가, 같은 경험에서 우러나온 값진 내용으로 가득 차 있다. 이것은 결국 광고에 대한 도저한 열정과 사랑의 기록이라 하겠다.

"뭔가 더 좋은 것은 없을까?"는 마지막 순간까지 어떻게 하면 광고물이 더 좋아질지를 계속해서 고민하는 것이다.

1994년 무렵 삼성 바이오 냉장고 광고에서 마지막에 고양이가 씩 웃는 장면이 있었는데,

이것은 편집 과정의 끝없는 고민을 거쳐 만들어낸 작품이다.

016 PCS 광고 「소리가 보여요 거짓말도 보여요」

역시 표현의 정교화를 꾀하는 도중 얻은 '좀더 좋은 표현'의 예이다.

어떤 사람이 창의적일 수 있는가

개인의 창의성 계발에 가장 필요한 것이라면?

□■■■ 문화 접촉이 가장 중요해요. 영화, 문학, 음악, 의상, 미술 등 어떻게든 문화와 밀착해서 살아가는 사람들이 더 가능성이 있다고 봐요. 광고 아이디어란 간접 지식하고 직접 지식이 합쳐져 나오는 거죠. 예를 들어 광고주가 주는 상품에 대한 자료가 직접 지식인데 이것은 매번 달라지니까 크리에이터들이 찾아내고 그럴 게 아니지요. 다만 개인이 그것을 해석하고 분석할 수 있는 안목만 있으면 된다고 봐요. 보통 우리가 밥 먹고 신문 보고 텔레비전 보고 영화 보고 친구들 만나고 선배의 경험을 듣고 회사 동료들과 대화하는 모든 것이 간접 지식이죠. 저는 직접 지식과 자기가 경험한 간접 지식이 합쳐져서 좋은 광고가 나온다고 봐요.

광고 창의성의 평가 기준이 있다면?

□■■■ 제가 본부장 시절에 정리한 게 있는데, 명쾌한 컨셉트, 감동적인 아이디어, 그리고 완벽한 아트, 이 세 가지에 따라 광고를 평가해요. 다시 말해서 리뷰하는 자리는 단지 멋있는 것 고르는 자리가 아니지요. 단순히 고르기만 해서는 안 되겠죠. 커뮤니케이션 아트라는 것은 효과를 생각해야 합니다. 컨셉트나 목적이 뚜렷하지 않은 그런 비주얼이나 카피는 일단 걸러내는 작업을 우선 해야지요. 그러니까 그냥 아이디어만 봐서는 안 되고 기획에서 의도한 전략이 숨어 있는가를

판단하는 일이 더 중요하지요.

그렇다면 어떤 사람들이 가능성이 더 있을까요?

□■■■ 때묻지 않고 순수한 사람들이 가능성이 더 커요. 아이디어는 순수한 머리가 아니면 안 나옵니다. 편견일지 모르지만, 이런저런 상 많이 타고 광고 교육을 엄청 많이 받는다고 해도 이런 사람이 꼭 끝까지 잘한다고는 할 수 없어요. 신입사원은 신입사원대로의 강점이 있어요. 헛소리해도 그게 신선한 아이디어가 될 때가 있어요. 빈 잔에 물이 들어가는 거지, 꽉 찬 머리에 뭐가 들어가겠어요? 광고의 속성상 주변 사람들과 협동할 수 있는 사람이 길게 보면 가능성이 있어요. 자기 혼자만 잘난 체하고 주변의 의견은 그냥 깔아뭉개고 타협할 줄 모르는 사람은 끝까지 살아남지 못해요.

이제 와서 생각해보니, 그가 광고에만 몰두하지 말라고 했던 말은 광고를 더욱 좋아하고 더욱 사랑하기 위해서 자기의 광고 인생을 더 크고 넓게 디자인하라는 담론이 아니었을까 싶다. 어쩌면 분재로 자라는 아담한 조형 소나무 같은 광고인으로 끝나기보다 거친 바닷바람에 시달려도 부러지지 않고 휘영청 솟아오르는 해송 같은 광고 창작자가 되라는 그런 뜻이었을 터이다.

이성구가 생각하는 광고 창의성의 개념은 '다르되 더 좋은 표현'이다. 그는 일찍이 제일합섬의 기업 광고에서 「돌 하나 그대로 두면 돌일 뿐입니다」「흙 한 줌 그대로 두면 흙일 뿐입니다」라는 광고를 만들었는데,

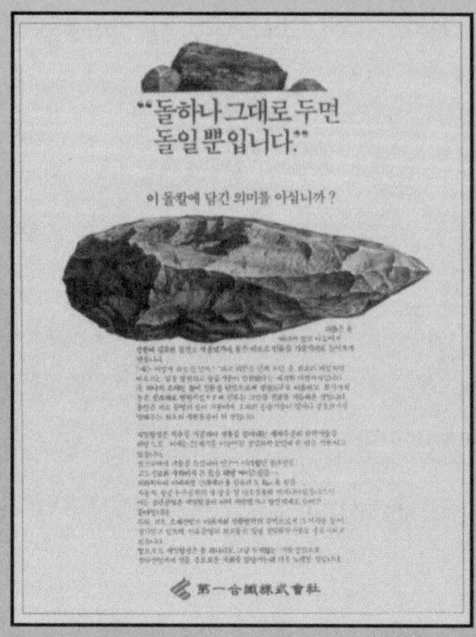

대부분의 기업 광고들이 "더욱 연구하겠습니다" "더욱 정진하겠습니다" 투로 나가고 있을 때 이성구는 석기시대의 돌칼과 빗살무늬토기를 등장시켜 '다르고 더 좋은 메시지'의 전형을 보여주었다. 바로 제일합섬의 기업 광고 「돌 하나 그대로 두면 돌일 뿐입니다」「흙 한 줌 그대로 두면 흙일 뿐입니다」라는 광고인데, 이 광고는 다르되 더 좋은 표현을 얻기 위하여 호기심의 창문을 평생토록 열어놓은 그의 광고 인생을 지배했다고 할 수 있다.

이 광고는 다르되 더 좋은 표현을 얻기 위하여 호기심의 창문을 평생토록 열어놓은 그의 광고 인생을 지배했다고 할 수 있다. 대부분의 기업 광고들이 "더욱 연구하겠습니다" "더욱 정진하겠습니다" 투로 나가고 있을 때, 그는 석기시대의 돌칼과 빗살무늬토기를 등장시켜 이렇게 다르고 더 좋은 메시지의 전형을 보여주었다.

마치 빅토르 위고가 노트르담 성당 벽에 쓰여진 ANAYKH(아나퀘, 운명)라는 낙서 한 줄을 보고 『노트르담의 꼽추』를 썼듯이, 그는 광고에만 몰두하지 않은 상태에서 만난 주변의 이런저런 사물들과 사람들에 대한 호기심을 바탕으로 그의 창작 세계를 부지런히 가꿔온 것이다. 이 부지런한 크리에이티브 지도자는 지금도 후배들의 장점을 찾아 그들의 가능성을 저울질하면서 '사람 하나 그대로 두면 사람일 뿐' 이라는 생각으로 함께하는 즐거움을 나누려고 할 것이다.

왜 우리는 그를 가리켜 크리에이티브 지도자라고 부를 수밖에 없는가. 사람들 속에서 사람들과 더불어 뭔가 더 좋은 것은 분명히 있다는 믿음을 함께 나누며, 광고 창작의 첩첩산중에서 늘 크리에이티브의 지도(地圖)가 되어주었기 때문이다.

삶 속에서 크리에이티브를 찾다

세상을 바꾼 광고 창작의 독립군

자기가 부를 노래는 자기 스스로 만든다

브랜드에 대한 사랑의 방정식

1951년생. 중앙대 산업디자인과 졸업. 해
태제과, 코래드를 거쳐 웰콤 창립. 이후 그
는 크리에에티브의 새로운 패러다임을 제
시하며 독립 광고회사도 창의성만 있으면
자립할 수 있다는 부활의 메시지를 제시한
다. '브랜드에 대한 사랑의 방정식' 을 광고
창의성의 개념으로 보고, 누가 만들어준 노
래가 아닌 자기만의 노래를 만들어 불렀다.

사람들은 언제나 새로움을 강조하지만,

중요한 것은 그것이 어떻게 새로운가 하는 점이다.

자기가 부를 노래는 자기 스스로 만든다

광고 창작 원리를 설명하는 글들은 어쩌면 모두 거짓의 기록일 수 있다. 오길비가 『어느 광고인의 고백』에서 제시한 열 가지 헤드라인 쓰는 법이나 덴츠 광고인의 용맹 10원칙 등 이른바 우리가 알고 있는 광고 창작의 금과옥조는 어디까지나 자기 경험의 기록일 뿐이다. 경험이란 무엇이겠는가. 경험을 지혜의 원천으로 볼 수도 있겠지만, 경험하지 않은 사람의 입장에서 보면 그것은 가짜일 수도 있기에, 어쩌면 그만큼 위험천만하다고 하겠다.

아인슈타인의 일반 상대성 이론은 $E=MC^2$이라는 불변의 법칙으로 존재하지만 광고 창작에 이르러서는 상황이 달라진다. 모든 광고 창작 원리는 언제든지 후배 광고 창작자들에 의해 수정되고 창조적으로 배반당해야 하는 운명이라고 할진대, 이런 맥락에서 그것은 거짓말 보고서이며,

그 거짓의 기록은 어떠한 시제(時制)에도 해당되지 않는다고 할 것이다.

　과거, 현재, 미래 중 어디에도 해당되지 않는다는 것은 바꿔 말하면 과거와 현재와 미래가 공존하거나 아니면 그 깊이나 넓이를 알 수 없어서 인류가 개발한 시제 중 어디에도 소속될 수 없는 상상의 무한지대를 의미할 수도 있겠다. 우리 광고계에 어떠한 시제에도 해당되지 않은 사람이 있으니, 그 이름 박우덕이다. 그는 미술대학을 졸업한 다음 해태제과에 입사하는 것으로 광고 인생을 시작한다. 그 후 1977년 코래드로 옮겨 십여 년간 머물다가, 1987년 3월 1일 충무로에 조그만 사무실 하나를 열어 오늘의 웰콤이 있게 된 작은 씨앗 하나를 뿌린다. 오직 광고만을 위한 크리에이티브의 독립정부를 세운 웰커뮤니케이션즈의 박우덕으로부터 광고 창의성의 이런저런 속내를 좀 자세히 들어보자.

마음속의 이야기를 끄집어내라

광고의 창조 철학이랄까, 어떤 광고가 창의적이라고 보세요?
　□■■■ 사람들은 새로움을 강조하는데, 새로움이 꼭 좋은 것만은 아닙니다. 어떤 쪽으로 새로운가 하는 점이 가장 중요해요. 길가에 옷 벗고 서 있으면 시선을 많이 끌겠지만 소비자에게 좋은 기억으로 남지 않아요. 소비자에게 브랜드 이미지를 좋게 남기려는 새로운 시도가 있어야지 맹목적으로 새롭기 위한 새로움은 안 됩니다.

 삶 속에서 크리에이티브를 찾다

광고 창작 원리가 따로 있으신지요?

□■■■ 옛날에 비해 상품도 거의 같아지다보니까 브랜드 자체를 어떻게 하면 존경받고 사랑받게 만드느냐가 가장 중요해요. 존경받는 것만으로 안 되고 사랑받는 것만으로도 안 돼요. 존경과 사랑이 합쳐진 브랜드가 최고의 브랜드가 될 수 있죠. 마치 자식과 어머니의 관계와 같아요. 어머니는 사랑과 존경이 공존하는 존재이고, 자식 입장에서는 절대로 떠날 수 없는 관계잖아요. 마찬가지로 브랜드와 소비자의 관계를 그렇게 만들어줄 수 있는 아이디어가 필요해요. 자식이 조금 부족해도 어머님이 조금 부족해도 서로 존경하고 사랑하는 데 아무 문제가 없듯이, 상품이 좀 부족해도 상관이 없어요. 힘들더라도 그런 관계를 만들어주는 광고 아이디어가 가장 절박해요.

상품이 좋아야 좋은 광고도 만들 수 있고 소비자 만족도도 높일 수 있는데, 시원찮은 상품이라면 존경받고 사랑받는 브랜드로 만들기가 어렵지 않나요?

□■■■ 그렇지요. 좋은 상품이 아니면 생산하지 말아야겠지요. 요즘 회의를 하다보면 다들 잘 만드니까 차별화 포인트가 없는 경우가 많아요. 이때는 소비자의 마음속에 어떻게 차별화시킬 것인지, 이런 방법론적인 문제를 생각해야 해요.

방법론이란 결국 아이디어 발상과 관련되는데, 평소 어떻게 아이디어를 내세요?

□■■■ 사실 저는 공부를 많이 해서 광고를 하지는 않았어요. 어떻게 보

면 부모님이 하셨던 이야기나 친구나 후배들의 이야기, 또는 지나가면서 본 사람들의 어떤 모습들을 떠올리며 하나의 정답을 찾아내려고 노력해요. 생각만으로 탐험을 하든 실제로 사람들을 만나서 탐험을 하든 제일 중요한 것은 살아 있는 아이디어를 내야 한다는 점이지요. 예를 들어, 동물원에 가서 코끼리를 보면 정글을 이해하지 못한다는 말이 있잖아요? 결국은 정글 속으로 들어가서 정글을 탐험해야 살아 있는 이야기를 찾아낼 수 있어요. 그래야 광고에서 제일 중요한 공감대가 형성되지 않겠어요?

저는 어떤 상품이든 한쪽 방향에서 보지 않아요. 어떤 대상을 앞에서만 보지 말고 옆에서도 보고 뒤에서도 보고 밑에서도 보고, 그렇게 하다보면 시각적으로 새로운 것이 나올 수 있어요. 모든 광고 아이디어가 마찬가지라고 봐요. 사람들이 마음속에 가지고 있, 자기도 모르는 그 무엇을 찾아내야 진짜 감동을 할 수 있어요. 그래서 아이디어 발상에 있어서는 사람들이 생각하지 못한 마음속에 있는 것을 끄집어내는 작업이 가장 중요해요.

결국은 공감이네요.

□■■ 우리 어릴 때 무심코 계단을 올라가는데 어떤 애가 "여기 계단이 몇 개인지 아니?" 하고 물었을 때 당황한 기억이 있을 거예요. 그러다 그 아이가 몇 개라고 말하면 "어, 그랬니?" 하며 놀라게 되죠. 속으로 궁금해하고 있었을 그 무엇을 찾아내주면 고개를 끄덕이게 되는데, 그런 작업들이 곧 창의적인 발상의 과정이라고 봐요.

막연한 것을 구체적인 것으로 환기시키는 노력이라는 말씀이시죠?

■■■ 네. 소비자의 마음속에 잠재되어 있는데 전혀 나타나지 않는 것! 그런 것을 찾아내서 확인시켜주는 작업이 필요해요. 광고 아이디어란 그런 공감대를 찾아내는 것이라고 할 수 있어요. 단지 그냥 떠돌아다니는 이야기를 적당히 조합하는 것이라고 보면 절대 안 되는 거지요.

그는 어떤 법칙을 가지고 문제 해결에 접근하기보다 사람들의 잠재의식을 일깨우는 아이디어를 찾으려고 시도하는 것이 곧 아이디어 발상 과정이라고 보았다. 다시 말해서, 브랜드에 대한 존경과 사랑을 일깨울 수 있는 것이면 무엇이든 의미가 있다는 말이다. 이는 이전에 나온 여러 가지 광고 창작 원리가 사실 무리한 객관화를 시도함으로써 오히려 광고 창의성의 진정한 발현과는 동떨어질 수 있음을 시사하는 대목이다. 이러한 사정은 심리학개론의 첫 장에 등장하는 실험 심리학과 기술 심리학의 비교에서 확인할 수 있다.

실험 심리학이 가설과 실험을 통하여 일반화할 수 있는 모델을 이끌어내는 방법이라면, 기술 심리학은 의식의 내부 지각을 반추하고 관찰하여 있는 그대로 기술하는 방법이다. 후설(E. Husserl)은 이러한 기술 심리학의 방법에 착안하여 현상학의 기본 개념인 지향성(intentionality)을 주창한 바 있었다. 후설은, 의식이란 의식 내용이 담겨져 있는 어떤 그릇 모양이라고 생각한 이전의 생각을 뒤집고, 의식이란 반드시 어떤 대상에 대한 의식이라고 함으로써 현상학의 새 지평을 열었다. 이에 비추어, 박우덕은 광고 창작자의 경험을 신봉하며 모든 광고 표현은 '소비자에 대한' 의식적 지향성을 가져야 한다고 보았다.

정답은 오직 하나뿐

그동안의 경험에서 가장 기억나는 사람은?

□■■■ 제 광고 인생은 김태형 선생님과 함께 시작되었고 함께 끝나는 것 같아요. 김태형 선생님과는 해태제과 시절부터 같이했는데 만약 그분이 없었다면 저는 조그마한 형태마저 없지 않았을까 싶어요. 저는 특별히 창의적이지도 않은데, 김 선생님과 문애란 대표와 제가 함께 시작해서 함께 끝날 수 있다는 것이 의미가 있었다고 봐요. 제가 특별히 잘한 것은 없지만 그 자체가 굉장히 중요한 의미가 있지 않나 싶어요.

세 분 모두 개성이 강해서 갈등도 있었겠지요?

□■■■ 개성들이 엄청 강했죠. 긴 시간을 지내며 잠시 갈등도 있었지만 웰콤 시절에는 한 번도 없었어요. 직원들한테도 항상 시스템으로 일을 하게 하는데, 아트와 기획자와 카피라이터를 묶어서 함께 일하게 했어요. 한 사람의 천재 광고인도 있을 수 있겠지만 광고에서는 팀 작업 자체가 굉장히 중요해요. 아무리 힘든 일이 있더라도 참아내고 서로 존경하면 헤어지기 어렵다고 봐요.

 삶 속에서 크리에이티브를 찾다

서로 알아서 양보하셨나요?

□■■ 서로에 대한 믿음과 존경심이 있었기에 가능했어요. 김 선생님의 카피를 보면 "어떻게 이런 글이 나올 수 있나?" 하는 존경심이 생기고, 문 대표 같은 경우는 카피라이터이자 기획자로서 남다른 역량을 발휘했어요. 아무리 천재라 할지라도 주변에 좋은 사람이 없다면 좋은 광고 못 만들어요. 광고인의 인생에서도 어떤 만남이냐가 정말 중요해요.

웰콤이 결정적으로 도약할 수 있었던 계기는?

□■■ 1994년 무렵인데 삼성전자에서 처음으로 냉장고 경쟁 프레젠테이션을 시켰어요. 그때 웰콤은 한 32위나 됐을까요? 업계 순위로 보자면 우리가 낄 수 있는 자리가 아니었는데, 제일기획, 오리콤, 대홍기획 등을 제치고 결과적으로 우리가 되었고, 이 일은 회사를 키워나가는 중요한 계기가 되었어요.

당시 광고안을 몇 개 준비하셨나요?

□■■ 텔레비전 광고 하나와 신문 광고 하나, 단일안을 가지고 갔어요. 그때 우리는 정말 좋은 답은 하나밖에 없었다는 것을 꼭 지켰죠. 지금은 지키지 못할 때도 종종 있지만 언제나 정답은 하나라고 생각해요.

맞아요. 광고회사들은 프레젠테이션을 위하여 정말 밀고 싶은 안, 절충안,

광고주 입맛에 맞는 안 등 세 가지를 준비하는 경우가 많잖아요?

□■■ 언제나 그렇지는 않지만 그럴 때도 있겠지요. 그때는 회사를 키우려는 생각이 별로 없었고, 다만 광고주 영입에 대한 몇 가지 원칙이 있었어요. 절대 광고주를 먼저 찾아가지 않는다, 우리가 원하는 제작비를 깎으면 절대 안 한다, 우리가 제안한 표현 아이디어를 자꾸 고치면 차라리 안 하는 게 낫다 등의 원칙이었죠. 어쨌든 회사가 크는 과정에서 모든 것을 우리한테 맡기고 알아서 하라고 했던 광고주들이 있었기 때문에 지금의 웰콤이 있을 수 있었다고 봐요.

또, 웰콤을 결정적으로 키워주고 떠난 사람들이 참 많아요. 제일 기억나는 사람은 리 앤 디디비(Lee & DDB)의 이용찬 사장인데, 나를 많이 가르쳤고 우리 회사를 키우는 데 대단한 공을 세웠어요. 그 밖에도 여러 사람들이 회사를 성장시키고 나서 본인들의 꿈을 찾아서 떠났어요. 웰콤은 그런 사람들이 만들어놓은 형태라고 할 수 있어요.

광고 기획과 창작에 있어서 어떤 부분에 가장 치중하시는지요?

□■■ 우선 최선을 다한다는 것이 가장 중요하지요. 또한, 전략적인 부분을 새롭게 해야 표현에 있어서도 새로워진다고 봐요. 한때 우리 회사가 크리에이티브만 하는 회사로 알려져 있었는데, 실제로는 전략이 새로워야 크리에이티브가 새로워지겠지요. 물론 재미있고 이상하게 할 수는 있겠지만 전략 자체가 새로워야 들어가는 방법이 새롭고 그래야 창의적인 아이디어가 나올 수 있겠지요.

실제로 일을 하다보면 일이 순서대로 진행되지 않고, 경우에 따라서 좀 그 럴싸한 표현 아이디어가 나오면 기획서를 거꾸로 맞춰가는 경우도 있지 않습니까?

□■■■ 있을 수 없는 일입니다. 전략의 창의성이 선행되어야 하고, 거꾸로 맞춰가는 광고 기획자는 사표를 내야겠지요. 새로운 생각은 어디에서나 필요한데, 어떤 물건을 팔거나 어떤 브랜드 이미지를 만들려면 정말 처음부터 창의적인 생각을 해야 합니다. 예를 들어, 브랜드 네임이나 시장 진입 전략 등 모든 것이 창의적이어야지, 표현물 하나만 돋보인다고 해서 그 캠페인이 창의적이라고 할 수는 없어요.

웰콤 광고는 론칭 단계에서는 주목을 끌고 좋은데 이어지는 유지 광고가 약하다는 말들이 있습니다. 어떻게 생각하세요?

□■■■ 처음 저희 광고주는 중소기업들이 많았는데, 중소기업의 광고 물량에는 한계가 있어요. 앞쪽에 몰아서 광고비를 쓰고 장사가 잘되면 광고를 더 하고 그랬는데, 그러다보니까 앞쪽으로 집중이 되었어요. 또한, 우리가 조그마한 회사이다보니까 브랜드 상황이 안 좋을 때 오는 경우가 많았어요. 지금은 안 그렇지만 브랜드 상황이 안 좋을 때는 강력한 방법을 쓸 수밖에 없어요. 지금 사람이 죽어가는데 거기에다 보약 먹여가며 기력을 회복시킬 여유는 없고, 일단 살리는 일이 가장 시급하겠지요. 그런 점에서 빚어진 오해라고 생각합니다. 이제 회사가 어느 정도 성장을 하면서 그렇게 할 필요가 없어졌어요.

돌이 많이 깔린 길을 가다보면 신발이 찢어지는 아픔을 느끼게 된다. 그런 길을 걸어보지 않은 사람은 모르는 법, 이것이 경험의 의미를 반추하는 현상학적 세계가 아니겠는가. 세상에는 유지는커녕 론칭도 제대로 못 하는 광고인이 많다. 지금 세계적인 브랜드로 자리잡은 코카콜라 역시 처음에는 중소 광고주였을 것이다. 그동안 얼마나 많은 광고인들이 자기 이름을 걸고 코카콜라 브랜드 관리에 힘썼을 터이며 얼마나 숱한 불면의 밤이 오늘의 코카콜라를 만들었을 것인가.

그는 웰콤이 론칭에 강하고 유지에 약하다는 세간의 평판을 인정한다. 그러면서도 정답은 하나라는 자신만의 광고 창작 원리를 고수하고, 자신이 잠을 줄여가며 개발한 아트워크(artwork) 속에서 자신만의 노래를 부르고 싶어했다. 그는 자신을 과거, 현재, 미래라는 어떠한 시제에도 고정시키지 않았다. 누구도 부정하기 어려운 자신만의 지향점을 가지고 경험에서 우러나온 표현의 아득한 세계를 만들고자 하였다.

버려라, 버리면 얻으리라

같은 아이디어라도 어떻게 마무리하느냐에 따라서 확 달라지는데 평소에 완성도를 높이기 위해 어떤 노력을 하시는지요?

□■■ 완성도를 높이기 위해 특별히 노력한 것은 없고, 다만 '버려라, 버리면 얻는다' 라는 생각을 많이 해요. 우리가 많은 메시지를 주었다고 해서, 많은 카피나 그림으로 설명한다고 해서, 소비자들이 다 받아

들이는 것은 아니겠지요. 음식도 그렇잖아요. 진수성찬을 차려놓으면 오히려 더 먹기 힘들 듯이, 쓸데없는 반찬을 다 버리고 정말 소비자들이 좋아할 만한 것 하나를 골라 맛있게 포장하는 것이 가장 중요해요. 결국은 많이 버릴 줄 알아야 더 설득할 수 있어요.

사람들은 아트의 중요성을 말하지만 한 가지 강조점을 끝까지 밀고가지 못하고 결국은 광고주의 의견에 타협하는 경우가 많은데, 설득하는 데 어려움은 없으셨는지요?

□■■ 광고주와 광고회사 간에 쌓인 어떤 믿음이죠. 그 믿음이 없으면 겁나서 못 해요. 무조건 설득한다고 해서 되는 게 아니라, "그 친구들 말 들으니까 되더라"라는 어떤 믿음 같은 것을 만들어나가는 시간이 필요하다고 하겠지요. 광고회사 역시 광고 아이디어를 파는 데 급급할 것이 아니라 실력에서 우러나온 진정한 믿음을 팔아야 한다고 생각해요.

박우덕에게 있어 광고 창작 원리가 따로 있을 수 없고, 그에게 시제가 있다면 늘 현재 진행형이었다. 그는 어떠한 상황에서도 정답은 하나라는 신념을 바탕으로 광고 표현이 더하기의 법칙이 아니라 빼기의 법칙이라고 생각하였다. 즉, 광고 표현에 있어서도 군살 빼기가 설득의 요체라는 것이다. 그는 경험의 중요성을 무엇보다 강조하였다. 그래서 순간에 떠오르는 강력한 상상력과 현실적 적용 가능성이 적절히 버무려질 때 비로소 자기만의 곡조를 만들 수 있다고 보았다.

적어도 광고 창작에 있어서는 남이 만들어준 노래를 부르기보다 음정과 박자가 모두 틀려도 좋으니까 자기가 부를 노래는 자기 스스로 만들어 불러야 제격이라고 보았던 것이다. 그렇기 때문에 그는 오늘도 책상에 앉아서 이면지 몇 장에 자기만의 아이디어를 스케치하고 있는지 모른다. 이런 면에서 그의 이야기는 또 하나의 거짓의 기록일 수 있지만, 그렇지 않을 수도 있다는 가능성을 비 갠 오후의 햇살처럼 열어놓고 있다.

브랜드에 대한 사랑의 방정식

누군들 자기만의 노래를 만들고 싶지 않은 사람이 있겠는가. 신탁에서 각자에게 주어진 달란트에는 한계가 있어서 자기 깜냥을 다하고 나면 기력이 쇠잔해지는 경우가 많다. 그러나 박우덕은 노력하기에 따라서 얼마든지 자신의 재능을 늘려갈 수 있다고 보았으며, 실제로 표현의 새로운 경지를 개척하기 위하여 다양한 시도를 한다. 그 자신 스스로 그다지 뛰어난 사람이 아니라고 고백하는 것은 남모르게 지새운 숱한 불면의 밤이 오늘의 그를 만들었다는 반증이나 다름없을 터이다.

그는 언어적 상상력이 자신에게 부족하다고 생각하여 카피라는 화두를 안고 남모르는 고민을 많이 하였던 듯싶다. 동료이자 선배인 김태형 선생에게 갖는 그의 마음은 외경심에 가까울 정도였는데, 이러한 사정은 소설 『돈키호테』에서 돈키호테가 이상적인 방랑의 기사가 되기 위하여 아마디스라는 전설의 기사를 모방하고 존경함으로써 영웅의 경지에 도달하고자 했던 것과 마찬가지 형국이다. 김태형 없는 자신의 광고 인생은 생각조차 할 수 없다고 고백하였거니와, 그는 김태형과 더불어 표현의 지평을 넓히고 부족한 언어적 상상력을 채우려고 무던히도 노력하였다.

일상 속에 정답이 있다

디자인 쪽에서 출발을 하셨는데 어려움은 없으셨는지요?

□■■■ 광고 디자이너들은 대개 비주얼 위주로 생각하는데 이것이 장점도 되지만 장해 요인이 되기도 해요. 언어에 약하기 때문에 시야가 좁아질 때도 많아요. 디자이너가 크리에이티브 디렉터가 되는 것도 좋겠지만, 반드시 그렇지만은 않고, 훌륭한 아트 디렉터가 되는 것도 굉장히 중요해요. 기왕이면 카피와 아트 그리고 기획을 이해하는 아트 디렉터가 되어야겠지요. 제가 한참 일할 때 디자이너들에게 “헤드라인이 비주얼이다”라는 말을 많이 했어요. 제가 참여한 오래전 광고들을 보면 크고 읽기 쉽게 헤드라인을 쓴 것들이 많아요. 좋은 카피 하나로도 모든 것을 충분히 표현하고 상상력을 막 펼쳐주는데, 굳이 그림을 그려 넣을 이유가 없어요. 소비자들이 카피만 봐도 그림이 떠오른다면 거기에 구태여 그림으로 설명할 필요가 있겠어요? 그냥 헤드라인만 써놓아도 좋은 광고가 되면, 그림을 빼도 상관없고 아주 작게 처리해도 무방해요. 그런데 카피가 그런 영향력이 없을 때는 그림이

도움을 줘서 멋진 카피로 만들 수 있어요. 서로 간의 연결이 중요한데, 김태형 선생님하고 저는 참 잘 맞아 진짜 행복했어요. 저 역시 카피 공부를 하려고 나름대로 무척 노력했어요.

카피와 아트의 행복한 만남, 말은 쉽지만 결코 쉬운 일이 아닌데요.
□■■ 예를 들어 김 선생님의 카피는 다른 사람들이 보기에 처음에는 정말 평범해요. "정말 맛있다" 이렇게 쓴 적도 있는데, 저는 일단 그분을 믿고 그렇게 쓰신 까닭이 뭘까 하고 생각하면서 밤새 파고들었지요.

자기 카피에 대해 설명은 안 하세요?
□■■ 안 하시고 그냥 카피만 한 줄 써서 구겨가지고 던져놓고 가시지요. 그러면 왜 이분이 그렇게 썼을까를 분석하고 그 이유를 찾아서 시

각적으로 표현하려고 애를 썼어요. 서로에 대한 존경과 믿음이 없으면 어려운 일이었겠지요. 그분이 쓰신 카피 중에서 정말 좋은 게 눈에 띄면 아트 때문에 혹시 바디 카피 하나라도 다칠까봐 여러 가지 궁리를 했어요. 요즘 리뷰를 하다보면 정말 좋은 카피가 바디 카피 속에 숨어 있는 경우가 많은데, 그것을 헤드라인으로 쓰지 않고 귀퉁이에다 죽여버리는 거죠. 그래서 제가 카피라이터들한테 누구나 가끔씩은 헤드라인을 잘 쓸 수 있지만 무엇보다 바디 카피를 잘 써야 한다는 이야기를 많이 해요. 저 역시 디자이너 출신이지만 디자이너들은 카피의 맛을 이해해야 하고 카피 속에서 시각적인 아이디어를 찾는 능력을 키워야 해요.

그런 능력을 키우려고 어떻게 노력하셨나요?

□■■ 우리가 살아가는 일상 속에 정답이 있다고 보고, 가장 상식적인 선에서 이야기가 되는 그런 것들을 찾아내려고 노력했어요. 상품은 자꾸 비슷해지는데, 어떻게 하면 이 브랜드를 사랑하게 만들 것인가를 가지고 고민했어요. 남녀관계도 그렇고 친구관계도 그렇고 결국은 사랑이잖아요. 브랜드와 소비자의 관계가 엄마와 아들 같은 사이도 아닌데 그렇게 만들려면 광고에서 지속적으로 관심을 갖도록 해주어야 해요. 디자이너 입장에서는 디자인 자체보다는 소비자가 브랜드를 사랑할 수 있는 메시지가 무엇이냐를 가지고 더 고민해야 해요. 그래서 디자이너들은 카피 공부도 카피라이터보다 더 해야 한다고 생각해요. 이런 점에서 김태형 선생님은 무언의 메시지로 많은 것을 가르쳐주셨지요.

광고는 내 것이 아닌 소비자의 것

광고에 대한 박우덕의 생각은 소비자의 사랑을 얻을 수 있는 길 찾기였으며 김태형이라는 대상에 의한 의식적 지향성이었다. 그의 이러한 정신 세계를 가리켜 우리는 '타자(他者)의 현상학'이라 불러도 무방할 것이다. 자아는 언제나 타자와의 관계 속에서 상호 주관성을 유지한다. 그의 경우에도 타자 김태형과의 관계 속에서 자신의 존재 이유가 보다 선명하게 드러났던 것이다. 만약 김태형이 없었다면 박우덕의 광고 인생은 어떻게 달라졌겠으며, 만약 박우덕이 없었다면 김태형의 만년이 지금과 같았을까?

윤석태와 이강우의 경우가 불과 물이 서로에 대한 존경 어린 인내심으로 참 아슬아슬하게 동거한 형국이라면, 김태형과 박우덕의 경우는 불이 초를 만나 촛불의 미학을 밝힌 경우라 하겠다. 불은 불대로 초는 초대로 따로 떨어져서 혼자서는 아무 일도 못하고 있다가, 소비자의 마음속에 빛을 밝혀야 하는 순간이 오면 둘이서 함께 일거에 심지를 돋우어 불을 밝힌다. 이것이 바로 타자의 현상학이다.

리뷰 과정이 참으로 중요한데, 어떤 기준으로 최종적인 아이디어를 결정하세요?

■■■브랜드를 사랑하게 하는 그런 부분을 건드렸느냐 안 건드렸느냐에 우선 초점을 두고, 그 다음에 어떤 새로운 시도가 있는가를 봐요. 예를 들어 유제상 부사장이 주도한 트롬 세탁기 광고만 해도 그래요.

세탁기 광고라면 다들 잘 삶아주고 깨끗이 빨아준다는 식의 이야기만 했는데, 그 광고에서는 세탁기가 아닌 옷장 속의 옷에 주목했어요. 사람들은 누구나 자기가 가장 오래도록 입고 싶은 옷이 있다는 점을 발견했어요. 옷이라는 부분에서 새로운 포인트를 찾아서 소비자의 마음을 건드린 것입니다. 「오래오래 입고 싶어서」라는 옷으로의 관점 변화가 중요한 핵심이고, 이것이 리뷰에서의 판단 기준이었어요.

사실 콘티 내용은 별것 없잖아요?

■■■ 네. 사실 그 광고를 보면 여자 하나가 나와서 덜렁거리다 들어가는 내용이라 별로 창의적이지 않아요. 그래도 그게 성공할 수 있었던 요인은 물론 상품도 좋았지만 광고적으로 다른 시도를 했다는 점에 있어요. 좀 튀고 이상해야 창의적인 광고라는 생각들을 하는데, 그렇지가 않아요. 어떤 새로운 시각에서 공감을 유발하는 장치를 찾아낸다면 아무리 평범한 내용이라도 확실히 다른 메시지로 다가오잖아요? 세탁기 광고라고 해서 세탁기 주변에서만 맴돌 일이 아니라 옷장 속으로 가서 참 소중한 옷이나 추억이 있는 옷 같은 것을 찾아내서 소비자의 마음을 건드린 거죠. 현대카드의 「떠나라, 열심히 일한 당신」 같은 카피 역시 누구도 이야기하기를 꺼려하는 부분을 광고에서 말한 거죠. 그러니까 소비자의 마음을 건드릴 수 있었다고 봐요.

 삶 속에서 크리에이티브를 찾다

박우덕은 브랜드에 대한 사랑을 강조한다. 리뷰 과정에서도 브랜드를 사랑하게 하는 부분을 건드렸느냐 안 건드렸느냐에 우선 초점을 두고, 그런 다음에야 어떤 새로운 시도가 있는지를 본다. 예를 들어 그가 트롬 세탁기 광고를 리뷰할 때의 판단 기준은, 이 광고가 소비자의 마음을 건드렸다는 점이었다. 세탁기 광고라면 다들 잘 삶아주고 깨끗이 빨아준다는 식의 이야기만 하기 쉬운데, 트롬 세탁기 광고에서는 세탁기가 아닌 옷장 속의 옷에 주목했다. 사람들은 누구나 자기가 가장 오래도록 입고 싶은 옷이 있다는 점을 발견하고, 옷이라는 부분에서 새로운 포인트를 찾아서 소비자의 마음을 건드린 것이다. '오래오래 입고 싶어서' 라는 옷으로의 관점 변화, 이것이 리뷰에서의 판단 기준이었다고 박우덕은 말한다.

마찬가지로 SM5 광고도 차가 아닌 차를 타는 사람의 가치를 건드렸는데, 심수봉의 노래 「당신은 누구시길래」가 연상되어 자칫 신파조로 흐를 수도 있었는데요.

□■■ 그 광고 만들며 우리 직원들은 굉장히 유치할 수 있다는 걱정들을 많이 했어요. 완성도를 높여 그 문제를 보완하기로 했지만 사실 겁이 나서 "당신은" 부분은 빼고 그냥 「누구시길래……」로 했어요.

누구냐도 아니고, 누구인데도 아니고, 누구시기에도 아니고, 그 어감을 외국계 광고주에게 설명하기가 쉽지 않았을 텐데요.

□■■ 르노 삼성의 외국인 광고주들에게 「누구시길래……」라는 감정을 판다는 것이 쉽지 않았어요. 우리에게는 참 맛있는 표현인데 문화적인 차이로 인해 한참 애를 먹었죠. 차의 성능을 강조하지 않고, 도대체 너는 누구냐, 의사냐, 전문직이냐, 이런 것들을 이야기하지 않아도 그 한마디로 모든 것이 해결되는 그런 캠페인인데, 외국 사람한테 설득을 해야 했으니까 굉장히 어려웠죠. 여러 과정을 거쳐 설득을 했고, 결국 프랑스인 책임자가 그 뉘앙스를 이해해서 광고가 나갈 수 있었어요. 이 광고 역시 생활 속에 숨어 있는 말을 찾아서 의미를 만들어주었다고 봐요.

그동안 만든 것 중에서 가장 애착이 가는 광고는?

□■■ 외국 사람들한테 우리 크리덴셜(credential, 광고회사 작품 모음집)을 보여줄 때 프로스펙스 정신대 광고를 제일 먼저 틀어줘요. 이용

 삶 속에서 크리에이티브를 찾다

가장 기억에 남는 광고로,
박우덕은 프로스펙스 정신대 광고를 꼽는다.
이 광고는 이용찬 씨가 카피를 쓰고
그가 아트를 맡았다.

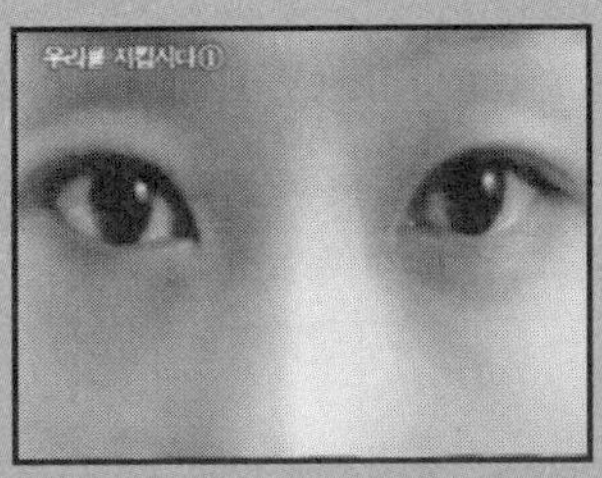

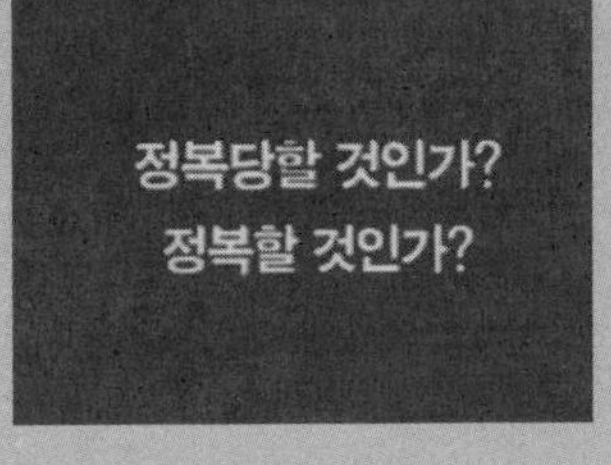

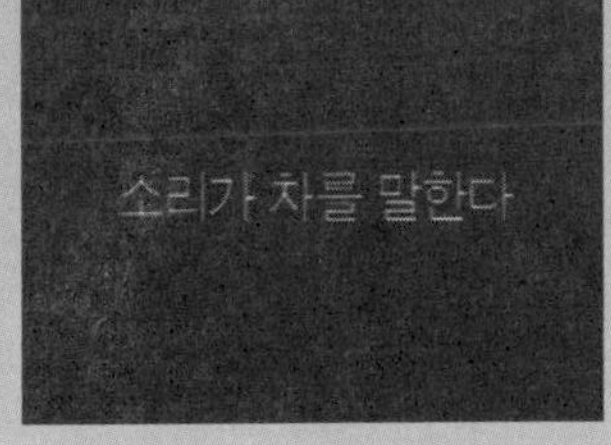

박우덕 자신이 일을 하면서 제일 행복했고 아픔도 많았던
광고로 꼽는 것은 대우자동차 레간자 광고이다.
모방 혐의 때문에 무척 시끄러웠지만
결국 칸 국제광고제에 출품해서 은사자상을 받은 광고이다.

C R E A T I V E

찬 씨가 카피를 쓰고 제가 아트를 맡은 정신대 광고는 어쨌거나 저에게는 가장 기억에 남는 광고입니다. 그 다음으로 대우자동차 레간자 광고가 생각나네요. 저 혼자 한 것은 아니고 여럿이 같이 했는데, 나름대로는 제일 행복했고 아픔도 많았던 광고였어요. 모방 혐의 때문에 시끄러웠지만 결국 칸 국제광고제에 출품해서 은사자상을 받았어요.

좋은 아이디어를 내는 방법은 뭐가 있을까요?

□■■■글쎄요. 어떤 방법이 따로 있을 수 없겠지만 집중력이 중요하다고 봐요. 일을 할 때, 짧지만 굉장히 집중력 있게 생각하는 것이 중요하고 동시에 극과 극을 왔다 갔다 하는 그런 생각의 전환이 필요해요. 제품이 소비자의 손으로 갈 때까지를 빠른 시간에 왔다 갔다 생각해보고 추리해볼 수 있는 그런 집중력이 필요하다고 봐요.

그러니까 한 번 몰두하면 집중해서 발상을 하신다는 말씀이시죠?

□■■■발상이라기보다는 주워 담는 거지요. 조금만 몰두해서 생각해보면 주위에 아이디어 소재가 널려 있어요. 어떤 사람을 그것을 줍고 어떤 사람은 못 줍는데, 정신력의 차이겠지요. 정신 똑바로 차리고 보면 보이고 그냥 보면 안 보이는 것이지, 발상력의 차이는 아니죠.

과거 코래드에서 5년차 디자이너였을 때 느끼던 광고에 대한 생각과 지금 느끼는 광고에 대한 생각에 차이가 있을 것 같은데, 어떠세요?

□■■■그때는 그냥 열심히 했고 경험을 많이 쌓았어요. 그림을 그리고

싶었는데 내가 그림에서 표현하지 못한 것을 광고를 통해서 표현할 수 있겠다는 꿈을 가지고 있었고, 광고도 그림도 내 것으로 만들겠다는 자기 위주의 생각들을 많이 했어요. 그렇지만 지금은 나를 위한 표현이 아니라 소비자와 광고주를 위한 표현이나 상품과 브랜드를 위한 표현이 되어야 한다는 생각을 많이 해요. 모든 광고 표현을 내 것이 아닌 소비자의 것으로 만들어야 합니다.

자기의 가장 큰 적은 자기 자신이라고 했던가. 그도 젊은 시절 한때는 자신의 이름을 알리는 광고를 만들고자 하였으나 시간이 지나면서 자신이 관여한 작업들을 고스란히 소비자의 것으로 돌리고자 하였다. 그리고 당연한 말이지만 그는 인터뷰 기간 내내 성공 캠페인에 대하여 자신이 만들었다는 말을 단 한 번도 하지 않았다. 과문한 탓인지 모르겠으나, 어떤 광고가 세간의 화제가 되면 많은 광고인들은 잠시도 망설이지 않고 자신이 만들었다고 하고, 그것이 자기 아이디어라고 떠벌리기를 좋아한다. 심지어 입사한 지 얼마 안 되는 신입사원마저 그렇게 말하는 것을 보았는데, 그의 이런 겸손은 광고를 소비자의 것으로 돌리려는 자기의 확고한 철학이 있기 때문에 가능할 것이다. 오랜만에, 참으로 오랜만에, "벼는 익을수록 고개를 숙인다"는 우리 속담에 대한 현장 검증을 할 수 있었다.

'지금' '여기'에서 사랑의 노래를 부른다

예술을 하지 못한 것에 대한 미련이나 아쉬움은 없으세요?

□■■ 대학교 이삼 학년 때까지 순수미술과 상업미술 사이에서 참 갈등이 많았어요. 어느 날 잘못하면 이도저도 안 되겠다 싶어 순수미술에 대한 생각을 완전히 버려버렸죠. 아예 전시회 같은 데도 안 가보고 의도적으로 발길을 끊었어요. 왜냐하면 자꾸 마음이 그쪽으로 끌리니까요. 광고인이 되고 시간이 한참 흐른 후에, 그런 문화들도 필요하고 미술작품을 광고에 이용할 수도 있겠다 싶어 다시 전시회 같은 데 가서 아이디어를 얻기도 하고 그랬어요.

대기업 계열 광고회사들이 판을 치고 있는 우리 현실에서, 웰콤의 성장이 우리 광고계에 전하는 상징적인 메시지가 많습니다. 그 원인을 광고주의 성원과 웰콤을 거쳐간 많은 사람들의 도움으로 돌리셨는데, 그런 말씀말고 짧은 기간에 성장할 수 있었던 내부적인 힘은 무엇입니까?

□■■ 김태형 선생님, 문애란 대표 그리고 저, 이 세 사람이 딴 생각을 안 했어요. 그냥 아침밥 먹고 나와도 광고, 안 먹어도 광고, 클라이언트를 만나도 더 좋은 광고만 생각했어요. 정말 다른 생각 안 하고 광고 하나만 생각하는데 안 될 일이 있겠어요? 광고만 열심히 하면 주위 환경이 어쨌든 그것은 상관없어요. 하우스 에이전시 때문에 안 된다는 말은 환경의 한 요인은 될 수 있겠지만 어차피 이겨나가야 해요. 그리고 저는 광고인들이 세운 진짜 광고회사들이 더 많아져야 한다고

생각해요. 크지는 않더라도 나름대로의 색깔들을 가지고 있는 그런 광고회사들이 자꾸 생겨서 정말 광고인들이 잘 사는 나라가 되어야 해요. 모두 다 회사를 세울 수는 없겠지만 각자가 자기 분야에서 최고가 되는 그런 광고회사들이 많이 생겨서 인력 자체가 굉장히 풍요로워졌으면 좋겠어요.

도대체 광고 창의성이란 무엇일까요? 그리고 앞으로 어떤 광고들을 만들고 싶으세요?

□■■ 참 어려운 질문인데, 브랜드를 사랑하고 존경하게 하는 방법을 찾는 과정이라고 할 수 있겠지요. 제가 아직 그 정도 경지까지는 가지 못했지만 앞으로 더 노력해서 브랜드를 사랑하고 나아가 존경까지 하게 하는 그런 광고들을 만들고 싶어요. 저희들이 만든 광고 중에서 프로스펙스의 정신대 광고가 있는데 굉장히 세상을 시끄럽게 하고 논란이 많았던 광고였죠. 결과적으로는 굉장히 좋은 광고로 결론이 났지만 어떤 면에서 광고를 통한 사회 참여도 가능하다고 봅니다. 정신적으로 우리를 살찌우고 우리 문화를 살찌우게 하는 데 광고가 굉장한 역할을 해요. 아무리 좋은 뉴스라도 신문에는 한 번밖에 안 나가지만 광고는 한두 달 내내 보기 싫든 좋든 매체를 타잖아요. 광고 하나가 세상을 바꿀 수도 있어요. 어떤 뉴스가 신문이나 텔레비전에 한 번 나갔다고 세상이 바뀝니까? 그러나 광고는 그렇지가 않아요. 지속적으로 같은 메시지를 반복하면 유행도 이끌어가고 문화에 영향을 미치기도 하고 그래요. 이제는 정말 광고인들이 문화 창조의 사명감도 가져야 해요.

사랑이란 치사량의 중독이다. 죽어버리고 싶을 만큼 누군가를 진정으로 사랑해본 사람은 알 것이다. 한 사람을 사랑하는 일이 얼마나 안타까운 절망인지를. 그런데도 박우덕이 생각하는 광고 창의성 개념은 '브랜드에 대한 사랑의 방정식'이다. 한 사람의 사랑을 얻기도 어려운 일인데 수많은 소비자의 사랑을 얻는 일이 얼마나 힘들고 지난한 일이겠는가. 그도 그 어려움을 알고 있고 실제로 토로하기도 하였다. 그러나 정답은 분명히 있다는 믿음 하나로 어떻게 하면 그 브랜드를 더 사랑하게 하고 더 존경하게 할지를 고민하며 마치 수학의 방정식 문제를 풀듯이 밤을 새워 브랜드에 대한 사랑의 방정식을 풀고자 하였다.

그에게 있어 카피라이터 김태형과 익명의 소비자 집단은 가장 중요한 극복 대상이자 지지자였다. 그러므로 그들과의 관계 속에서 그는 늘 저만치 떨어져 있었으나 완전히 분리되지는 않은 채 지금 이 순간까지 영원한 '타자'로 남아 있다.

타자성(他者性)이란 무엇이겠는가. 풀어도 풀리지 않는 긴장감이며 형언할 수 없는 그리움이며 긴박하게 돌아가는 현재형이 아니겠는가. 그러기에 그는 늘 현재 진행형으로 자신을 관리하며, 남이 만들어준 노래를 부르기보다 자기만의 노래를 만들어 불렀던 것이다. 그날이 오면, 누군가 그의 세계를 극복하고 창조적으로 배반할 그날이 오면, 우리 광고의 앞날에도 봄이 성큼 다가오리라.

권희덕

소리의 양념으로 마음을 요리한다
언제나 그 자리에서 에코를 꿈꾸며

1956년생. 서울예술대학 방송연예과 및 고려대 정보통신대학원 졸업. 동아방송 성우로 데뷔한 이후 다양한 방송 활동을 하였으며 3,000여 편 이상의 광고를 녹음했다. 그는 남의 아이디어를 마지막에 빛내주는 것을 자기 일이라고 보고, 그만의 광고 창의성 개념인 '마지막 포장 작업'을 잘하기 위하여 소리에 색깔을 입혀왔다.

마지막을 놓치면 창의성은 사라진다.

소리의 양념으로 마음을 요리한다

「소리가 차를 말한다」 레간자 광고에서는 이렇게 소리 없는 파워를 강조했지만, 때로 소리가 광고를 말하기도 한다. 똑같은 영상이라 할지라도 어떤 목소리로 메시지를 전달하느냐에 따라 광고의 완성도가 달라지는데, 이는 요리로 말하자면 손맛의 차이요 등산으로 말하자면 발맛의 차이다. 메시지를 0.1초만 줄이거나 늘리고 음역을 반음 올리거나 내려도 말맛이 전혀 달라지는 것을 보면, 디자이너의 역량은 그림 영역에만 국한되지 않는다. 그것은 소리를 채집하고 가공하는 사운드 디자인 영역에서 갈수록 더 중요해지고 있다.

전파매체 광고의 설득력은 소리의 표현에 따라 달라질 수 있는데, 이는 소리가 광고 창의성을 결정하는 주요 요인이 될 수 있다는 말이기도 하다. 일찍이 성우라는 명칭을 버리고 스스로 보이스 탤런트(voice talent)

라는 신조어를 만들어 소리의 일급 요리사가 되고자 했던 권희덕에게 광
고 창의성의 길을 물어보자. 언제나 그렇듯이 한 분야에서 일가를 이룬
사람들은 자신만의 비법을 좀처럼 드러내지 않는데, 반대로 그는 데굴데
굴 굴러가는 목소리로 많은 이야기를 하였다. 그 순간 광고 창의성의 길
을 비교적 쉽게 찾겠구나 싶었는데, 인터뷰를 마친 다음에는 오히려 그의
이야기가 대답 없는 메아리로 다가왔다. 마치 그리스 신화에서 나르시소
스를 사모한 에코가 늘 메아리로 배회하였듯이, 그의 다면적인 이야기는
실체가 잡히는 듯하다가 한순간에 사라져버려 나중에는 2g의 메아리로만
남아 있었다.

나는 성우가 아닌 보이스 탤런트

어떤 계기로 보이스 탤런트가 되셨나요?

□■■■제가 성우 대신 보이스 탤런트라는 말을 만들었는데, 보이스 탤런
트라고 불러주니 기분이 좋네요. 어떻게 시작했냐 하면 초등학교 2학
년 때 선생님 추천으로 대전 KBS의 「누가 누가 잘하나」에 나가 노래를
불렀는데 '땡' 그래요. 억척스런 엄마가 왜 '땡' 이냐고 따졌더니 다시
불러보라 그래요. 그래서 "엄마가 섬 그늘에 굴 따러 가면~ 아기가 혼
자 남아 집을 보다가~" 하는 「섬집 아기」를 불렀더니, 잘한다며 지휘자
가 합창단에 들라고 했어요. 이것이 계기가 되어 방송을 하게 됐어요.
그 후 5학년 때 서울에 와서 어린이 방송을 했고 중학교 1학년 때 한국

에서 일어난 일들을 북에 있는 오빠한테 이야기해주는 형식의 「소녀의
일기」라는 10분짜리 사회교육방송 프로그램을 맡아서 했어요.

본격적인 활동은 언제부터 하셨는지요?

□■■■ 1976년에 동아방송 7기 성우로 들어가 첫 배역으로 맡은 것이 노
파였어요. 처음에는 광고를 안 했고 1977년에 광고를 처음 맡았는데,
당시 CM-PD였던 이강우 선생님이 새로운 목소리를 찾다가 저를 발
탁했죠. 처음으로 서울찐빵 광고를 녹음했는데, 그놈의 서울찐빵 발
음이 그렇게 안 돼요. "서울찐빵~" 한마디를 이렇게도 해보고 저렇게
도 해보고 하다가 겨우 끝냈는데 참 아쉬웠어요. 집 잘 짓는 건축가도
늘 다시 고치고 싶다고 하잖아요.

그 후로도 광고 녹음을 많이 하셨나요?

□■■■ 많이 했어요. 선배의 빈자리를 후배가 채울 경우가 있는데, 손정
아 씨가 아이 때문에 그 자리를 비운 두 달 공백에 저는 스타가 됐습
니다. 지금도 후배들은 빨리 또 많이 하고 싶어하죠. 그런데 선배들이
자리를 딱 차지하고 있기 때문에 후배들이 크기가 쉽지 않아요. 감독
들도 신인의 목소리가 필요하다고 말은 하지만, 처음부터 맘에 드는
사람은 한 명도 없을 거예요. 자꾸 부딪히고 이렇게 깎이고 저렇게 깎
이다가 다듬어지기 때문에, 선배의 빈자리 메우는 것을 감사히 생각
해야 해요. 누구나 다 주인공 하고 싶은데 기회가 자주 없으니까 항상
대타로 뛸 준비를 하고 있어야 해요. 기회가 주어졌는데 선배 자리를

메우는 대타라고만 여기는 것은 아주 되바라진 생각입니다. 저는 손
정아 씨 대타로 광고 녹음을 할 때도 정말 감사하는 마음으로 겸손하
게 받아들이면서 그렇게 컸거든요.

최진실 목소리의 실제 주인공으로 더 유명해지셨는데요?
□■■■ "남편은 여자하기 나름이에요" 하며 까르르 웃는 광고였죠. 성
우는 얼굴이 팔리지 않는 사람들이라 늘 숨어 있는 위치라고 생각하
며 지냈는데, 경향신문 이상연 기자가 저를 다섯 번이나 찾아와서 목
소리의 진위를 인터뷰하는 바람에 세상에 알려지게 됐어요.

최진실은 비슷한 목소리를 오랫동안 유지했는데 계속 녹음하셨어요?
□■■■8년 정도 해줬어요. 예를 들어, 이경일 감독은 최진실을 써서 많
이 찍었는데 그분은 촬영 전에 나한테 먼저 들러 멘트를 따가요. 현장
에서 녹음테이프를 틀어주며 최진실에게 거기에 맞춰서 연기를 하게
했으니까요. 최진실도 내 목소리를 많이 듣다보니까 음색은 조금 틀
리지만 나중에는 자기 것으로 만들었어요.

0.1초의 변신은 무죄

그동안 권희덕은 「남편은 여자하기 나름이에요」(삼성전자) 「예술이다 예
술」(보루네오가구) 「따라하지마」(오리온 후레쉬베리) 「딱 한 번만」(빙그

레 요플레) 「미주여행은 아시아나로 다녀오세요」(아시아나항공) 등 3,000
여 편 이상의 광고를 녹음하면서 상품 메시지를 소비자의 가슴에 맞추는
소리 사냥을 떠나 소리의 성곽을 쌓아나갔다. 또한, 많은 외국 영화의 목
소리 주인공이 되어 우리 시청자들에게 감동을 주었는데, 「해리가 샐리를
만났을 때」의 맥 라이언, 「동방불패」의 임청하, 「비우」와 「마농」의 까뜨
린느 드뇌브, 「카사블랑카」의 잉그리드 버그만, 「블루문 특급」의 시빌 세
퍼드 등 1,000여 편의 외화 더빙 작업에 참여했다.

그러는 동안 그는 일곱 살 아이에서 노망든 75세 할머니 역까지, 광고
든 영화든 방송이든 일이 시작되면 끝까지 먹잇감을 놓치지 않는 소리 사
냥꾼이 되었다. 어느 순간에는 "트라이, 편안해요" 하며 수영선수 최윤희
가 되었다가, 또 어느 순간에는 "나는 소중하니까요" 하면서 금발의 미녀
모델이 되었다. 그러는 동안 입이 네 번이나 돌아갔는데, 초등학교 3학년
때, 고1 때, 27세 때, 36세 때 이른바 구안괘사(口眼喎斜)가 그를 괴롭힌
것이다. 그러나 그는 언제나 연습만큼 좋은 선생님은 없다는 생각으로 자
신과의 전투를 치른다. 소리가 생명인 보이스 탤런트에게 있어서 입이 돌
아간다는 것은 얼마나 치명적인 절망이었겠는가. 그러나 그는 자신과의
싸움에서 늘 이겨나갔다. 소리 때문에 얻은 아픔이었지만 부단한 연습으
로 늘 자신의 소리를 제자리에 돌려놓고는 하였다.

광고 녹음은 어떻게 해야 가장 좋을까요?

■□■■흘러가면 안 되고 귀에 팍팍 꽂히게 녹음해야 하는데, 너무 억지
로 꽂히게 애쓰지 말고 우리말을 감칠맛 나게 전해야 해요. 악센트가

영어에만 있는 것이 아니라, 우리말에도 있어요. 사람들 이야기하는 것을 자세히 들어보면 어느 것을 강조하든 악센트가 다 있거든요. 저는 남들보다 설득을 잘한다고 생각하는데, 어떤 때 강조하고 어떤 때 길게 하고 그런 것들을 조절하다보면 결과가 좋아요.

선천적인 자질과 후천적인 노력을 어떻게 조절해야 할까요?

목소리는 선천적으로 가지고 태어나지만 후천적인 노력으로도 가능해요. 어느 정도 기본을 갖춘 사람한테 트레이닝을 시키면 뭐든지 다 되잖아요. 처음에는 선배를 모방하는 것이 좋아요. 저는 보이스 탤런트가 되겠다고 찾아오는 사람들한테, 꼭 권희덕이 옆에 있어야 하는 게 아니라 매체가 선생님이라고 말해요. 라디오나 텔레비전 광고를 녹음해서 자꾸 들어가며 이 사람은 어디에 악센트를 두고 저 사람은 어디에서 호흡을 끊는지를 분석하며 자꾸 연습하면 그 자체가 선생님이지요.

매체가 선생님이라니 와닿는 말씀이네요.

라디오가 선생님이고 텔레비전이 스승이죠. 광고 카피는 짧고 일목요연하게 딱딱 정리가 되니까 자꾸 리와인드해서 들어보면 효과가 커요. 제가 학생들을 가르칠 때는 샘플을 녹음해서 백 번 듣고 오라 그래요. 백 번 듣고 해보면 확실히 늘어요. 잘 안 되는 음이 있으면 그 음만 수없이 반복해서 들으면 저절로 터득하게 돼요.

여고생에서 할머니까지 자유자재로 구사하시는데, 모드 전환이 바로바로 되세요?

□■■ 네. 0.1초의 변신은 무죄입니다. 하하하. 송도순 선배가 그래요. 제 목소리에 개성이 없다는 것이 장점이라고. 맞아요. 우리는 많은 역을 소화해야 하는데 목소리가 너무 개성 있으면 어느 것을 해도 톡톡 튀어요. 그러니까 목소리에 개성이 없으면 단점보다 장점이 더 많아요. 노출이 많이 되도 별로 부담감이 없으니까요. 누구 소리라고 금방 알아버리면 그만큼 영역이 제한되죠.

표현의 폭이 넓다는 말씀이잖아요.

□■■ 그러니까 인물 속으로 들어가는 거예요. 제가 최진실 속으로 들어갔기 때문에 사람들이 최진실로 알지, 권희덕 목소리가 들어가면 영 아니잖아요. 그러니까 항상 인물에 맞게 소리가 들어가는 감각이 있어야 하고, 그래야 보이스 텔런트 입장에서도 소리에 변화를 줄 수 있어요. 예를 들어, 로레알 헤어컬러 염색제 광고에서도 외국 여자모델이 나오고 "난 소중하니까요" 하는데, 아무도 제 목소리를 못 알아봤어요. 이 광고에서 제가 만들어낸 소리는 최진실 소리와는 전혀 다른 33세 정도의 농염한 소리라고 할 수 있어요. 광고 감독들이 저를 좋아했던 이유는 어린이 역부터 할머니 역까지 무난하게 소화해내고 소리에 개성이 없는 대신 소리의 연기력이 있었기 때문이라고 봐요.

좀 어려운데, 소리의 연기력이란 인물의 특성을 그럴싸하게 살려내는 것을
말하나요?

□■■ 맞아요. 인물을 살려주는 목소리 연기는 그림이 있으면 그 인물
에 맞춰주고 인물이 없으면 소리를 통해 그 인물의 스타일을 만들어
주는 것이라 할 수 있어요.

어떤 광고는 그냥 밋밋한데 어떤 것은 소리만 들어도 머릿속에 그림이 떠
오르기도 하고…….

□■■ 소리의 연기력 때문이죠. 광고 감독들이 광고에서는 영상이 7이
고 소리가 3이라고 하면, 저는 소리가 5는 넘는다고 해요. 전에 10분
짜리 제약회사 홍보영화를 찍어온 감독이 있었는데, 제작비가 부족해
서 상품도 모델도 슬라이드도 정말 엉망이었어요. 그런데 제가 상품
에 생명을 불어넣는다는 생각으로 녹음했더니 그 밋밋한 영상이 정말
괜찮은 작품으로 변해요. 정말 잘 찍은 영상은 웬만큼 해도 상관없지
만, 열악한 제작비 때문에 겨우 자료 편집만 해놓은 영상에다 목소리
까지 잘못 넣으면 정말 3류가 돼요. 결국 똑같은 영상이라도 그것을
달라 보이게 하는 것이 소리의 힘이라고 봐요.

결국 그는 소리를 어떻게 디자인하느냐에 따라 영상이 달라진다는 믿
음으로 0.1초의 사선을 수없이 넘나들었다. 소리 창조에 대한 그의 집착
과 사랑은 자전적 에세이 『목소리도 디자인하기 나름이죠!』(책만드는집,
1999)에 소상히 펼쳐져 있는데, 목소리도 연기력이기 때문에 한 편 한 편

에 혼신의 열정을 쏟아부어야 한다는 그의 직업정신이 자잘한 무늬로 그려지고 있다. 그는 "우리들이 살아가는 이 지구가 한 알의 사과라면, 그 안에 사랑이란 소중한 씨앗을 감추고 있기에 세상은 늘 향기롭고, 다시 새로워지고, 상큼할 수 있다고"(15쪽) 믿었다. 그리고 그 사랑은 소리를 닦아 적확하게 표현함으로써 더 오래 지속된다고 보았다.

소리로 표현하지 못할 것은 이 세상에 없다

보이스 탤런트 입장에서 좋은 카피와 창의적인 카피란?

□■■ 노래를 들어보면 귀에 딱 들어와 히트하겠다는 느낌이 있는 것처럼, 카피도 처음 들어보면 귀에 쏙 들어오는 게 있어요. 그런 카피가 좋은 카피고 창의적인 카피죠. 아무것도 들어오지 않는 카피도 많은데, 그렇게 흘러가는 것을 어떻게 해서든 귀에 걸리게 하는 것이 제 역할이라고 봐요. 상황이 너무 펼쳐져 있어서 이 상태로 말은 안 되지만, 내가 소리로 표현을 해주면 굉장히 뜨겠구나 싶은 마음이 직감적으로 들 때가 있어요. 이런 것을 알아차리는 것도 중요해요.

말도 안 되는 엉성한 것을 카피라고 써와 녹음실에서 바로 고치기도 하잖아요?

□■■ 네. 녹음할 때 숨이 턱턱 막히고 말이 걸리고 자연스럽게 흘러가지 못해요. 어법을 모르고 쓰면 도대체 숨을 못 쉬어요. 중간에 끊어

쥐야 하는데 서너 줄씩 쭈~욱 이어가면 숨도 못 쉬고 껄끄러워요. 또
억지로 귀에 박히게 하려고 무조건 센 말만 써도 안 돼요. 유치한 유
행가 가사가 히트하듯이 말에 걸림이 없어야 되요. 유치한 것은 정말
말이 안 걸려요. 카피도 똑같아요. 유치한 것 같지만 그것이 사람의
마음을 찔러놓는 다니까요.

일을 받아서 하는 입장이라 카피라이터에게 카피 수정을 직접 말하기가 어
려운 점도 있을 법한데요.
□■■■ 숨이 턱턱 걸리면 말해야 해요. 하지만 직접 수정해달라고 하지
않고 상대방을 존중하면서 의견을 제시해요. 제가 보기에는 이런데
이렇게 하면 어떨까요, 아니면 말고요, 하는 식이죠. 그래서 제 의견
을 존중해주면 고치고 아니면 더 대화를 해서 좋은 것으로 만들어야
지요.

마음에 안 들어도 여러 이유 때문에 느낌을 말 안 하고 처음 카피를 녹음해
서 결국은 다시 재녹음하는 경우도 많은데요.
□■■■ 서로가 귀찮아하고 자기 영역이 아니라고 생각하니까 그렇겠지
요. 좋게 말하면 그 카피라이터의 카피를 존중하는 것이고 나쁘게 말
하면 그래봤자 골치 아프고 시간 가고 사이 나빠지고 다들 바쁘니까
그렇겠지요. 하지만 그렇게 하면 절대로 좋은 작품을 만들어낼 수 없
어요.

　권희덕은 조금 귀찮더라도 모든 일을 즐겁게 해야 한다고 말한다. 특히 보이스 탤런트는 즐겁지 않으면 목소리의 연기력을 제대로 발휘할 수 없으며 그렇게 되면 절대로 소리 창조를 할 수 없다고 보았다. 늘 젊은 마음으로 적극적으로 매진하다보면 결국에는 좋은 결과가 나온다고 믿고, 어차피 세상사란 마음먹기에 달려 있기 때문에 기왕이면 즐거운 마음으로 하자는 것이다. 보이스 탤런트들은 광고 녹음 현장에서 랩 스타일로 해달라거나 개그맨처럼 해달라거나 하는 다양한 주문을 받게 된다. 이런 저런 주문 앞에서도 그는 늘 자기는 잘할 수 있으며, 노력만 하면 이 세상에서 소리로 표현하지 못할 것은 없다고 굳게 믿었다.

　돌이 뜨거워지기까지는 비교적 오랜 시간이 걸리는 법이다. 제대로 된 보이스 탤런트 한 사람이 탄생하는 데에도 정말 오랜 시간이 걸린다. 탤런트나 가수처럼 자고 일어났더니 하루아침에 유명해질 일이 거의 없는 소리 창조의 영역에서, 그는 소리의 세계가 숙성의 속성을 지닌다는 점을 보여주었다. 권희덕은 정상에 오르기까지 무채 썰 듯 소리의 도마질을 하며 소비자의 마음을 요리하고자 하였다. 포도주가 익어가듯이 자신의 소리도 익어가기를 희망하며, 오랫동안 카피에 소리의 양념을 치고 버무려서 보다 맛있는 광고들을 만들었던 것이다.

언제나 그 자리에서 에코를 꿈꾸며

우리가 누가 누구의 해가 될 수 있겠는가

우리는 다만 서로의 햇살이 될 수 있을 뿐

우리는 다만 서로의 파도가 될 수 있을 뿐

누가 누구의 바다가 될 수 있겠는가

바다에 빠진 기차가 다시 일어나 해안선과 나란히 달린다

_정호승의 시 「정동진」 중에서

그렇다. 멀미하듯, 창의적인 아이디어를 토해내는 데 있어서 누구의 것을 참고할 수는 있을지라도 결국 누가 누구의 해가 되고 바다가 될 수 있겠는가. 학문에 있어서도 실무에 있어서도 누가 누구의 교조(教條)가 될 수 있겠는가. 필자의 이름을 밝힌 모든 논문과 에세이나 아이디어 스

케치 역시 알고 보면 앞서의 연구 결과들을 어쨌든 보완하고 수정함으로써 인식의 지평을 한 뼘 더 넓히기 위한 표현 행위였는데, 이를 가리켜 우리는 발전 혹은 진전이라고 이름짓지 않았던가. 마찬가지로 「정동진」을 매혹적으로 낭송한 권희덕 역시 광고인이든 보이스 탤런트든 다들 각자 알아서 스스로 큰다고 믿었다. 따라서 때로는 스승이 제자 앞에서 겸손해야 한다고 보았으며, 결국 창의적인 사람은 인간적인 자질보다는 인간적인 내공을 쌓으며 노력하는 과정 속에서 자기 그릇의 부피를 만들어가야 한다고 믿었다.

소리를 찾아 사냥을 떠난다

광고인으로 보이스 탤런트로 굳건히 서는 데 가장 중요한 덕목은?

□■■■ 아무리 똑똑하고 자질이 뛰어나도 사람 됨됨이가 안 되면 빛을 잃는다고 생각해요. 가장 중요한 것은 때를 기다리며 연마하는 자세라고 할 수 있어요. 뒷날 때가 되면 쓸 수 있도록 미리미리 준비하는 자세가 필요하다고 봅니다. 예를 들어 보이스 탤런트로 대성하려면 항상 자주 들으며 준비하는 것이 최고예요. 어떻게 처음부터 다 가르칠 수 있겠어요? 저는 누구에게 사사하는 것도 중요하지만, 그러려면 먼저 라디오나 TV-CM을 녹음해서 수없이 듣고 백 번 반복해오라고 그래요. 저는 제자들이 연습해온 것을 그냥 옆에서 듣기만 해도, 뭐가 틀렸는지, 어떻게 고치면 좋겠는지 금방 얘기해줄 수 있는데, 잘 안

해와요. 광고 같은 경우는 어떤 틀이 있어요. 엔딩 로고 발음하는 데는 운(韻)이 똑같은 어떤 틀이 있는데, 저는 CM을 가르칠 때 노래하듯이 하라고 그래요. '도레미파솔'로 음계를 나눠서 가르쳐주거든요. 처음에 '도'로 시작했으면 그 다음에 가서는 '미'로 시작하고 그 다음에는 다시 '레'로 시작하라고 해요. 시작하는 음 높이가 따로 있거든요. 그래야 사람들이 편안하게 들을 수가 있어요.

정형화된 규칙이 있나요?

■매번 항상 똑같은 것은 아니고 카피에 따라 다르지만, 대체로 그렇다는 말입니다. '도'로 시작하면 그 다음 줄은 '레'로 시작을 해도 상관이 없고, 그리고 다시 '도'로 내려와서 마무리를 하거나 '도'로 시작해서 그 다음 줄은 '미'로 마지막 마무리는 '도'로 끝내주면 소리에 굴곡이 생겨 안정감을 주잖아요. 저는 항상 시작을 음계로 표현해줘요. 상품에 따라 다르지만 보통 목소리가 5고 음향 효과가 1, 나머지 4가 그림인 광고가 많죠. 그만큼 목소리가 중요하다고 할 수 있어요. 카피와 음향 효과 그리고 보이스 탤런트의 연기력이라는 삼박자가 조화롭게 맞아떨어져야 정말 좋은 광고가 만들어져요.

세 가지 중 어느 것이 좀 튀거나 하면 즉석에서 조정하세요?

■그런 경우도 있지만 늘 그렇지는 않아요. 음악을 고르는 선곡자들도 카피를 보고 골라요. 카피를 보고 이 음악이 맞겠다 싶으면 그 음악을 틀어놓고 감정을 잡아요. 예를 들어 부모님 은혜를 주제로 카피

를 썼는데 너무 밝은 음악이 깔리면 저는 감정을 못 잡아요. 음악 선곡에 따라서 감정을 잡는데, 영 아니면 음악을 다시 골라달라고 하고, 카피하고 너무 동떨어졌을 때는 다시 해달라고 요구하죠. 현장에서 다시 고르고 어느 것이 좋겠다고 제가 추천하면 대개는 맞아떨어져요.

서울사운드디자인에서 소리사냥으로 회사 이름을 바꾼 이유는?

□■■■ 소리사냥이란 말은 제가 항상 생각하고 있었는데, 애니메이션을 시작하면서 주식회사로 바꾸고 소리사냥이란 이름을 썼어요. 그리고 시 낭송 음반을 낼 때 소리사냥이란 타이틀로 나갔는데 반응이 좋았어요. 소리를 찾으러 떠나는 사운드 헌팅이라고도 할 수도 있고요. 어쨌든 소리로 된 모든 것을 잡아보자, 소리가 들어가는 모든 장르를 해보자, 이렇게 생각했어요. 만화를 하게 된 것도 이유가 있죠. 「피터와 늑대」라는 동화 공연을 하다가 왜 우리 것은 없을까 싶었어요. 우리

동화도 있고 우리 악기도 있는데, 왜 노상 바순이 어떻고 오보에가 어떻고 그런 이야기만 하는 건지……. 그러지 말자는 의미에서 우리의 전래동화를 패러디해서 애니메이션을 만들고, 우리 음악을 접목시켜 「애니 콘서트 : 두비등덕이둥」을 열기도 했어요. 침묵나라 도깨비에 의해 소리를 잃어버린 소리나라 여왕이 소금, 태평소, 가야금 등 각종 국악기 요정의 힘을 빌려 다시 소리나라를 찾는다는 내용인데, 모두 소리사냥과 관계되는 일이라고 생각해요.

보이스 탤런트란 직업은 어떻습니까?

□■■■ 타고난 자질 약간에 후천적인 연습이 합쳐져야 가능한 직업이라고 봐요. 학벌도 소용없고 나이 제한도 없어요. 누구나 개성만 엿보이면 클 수 있는 분야죠. 흔히 무대 뒤에만 서고 자칫 푸대접을 받을 수도 있다고 생각하지만, 다 자기 하기 나름이에요. 광고에서 소리가 빠진다고 생각해보세요. 사람들이 광고 카피를 기억이나 하겠습니까? 소리의 영역에는 그래서 한계가 없고, 보이스 탤런트는 매력적인 직업이라고 할 수 있어요.

그가 들려주는 소리, 그가 보여주는 세상

그는 영화 더빙이나 광고 녹음말고도 소리사냥이라는 타이틀로 시 낭송 음반을 냈다. 제1집 「마음으로 듣는 시」는 우리나라의 대표적인 연시들을 모아 낭송한 것이고, 제2집 「늙지 마시라, 어머니」는 어머니를 주제로 쓴 남북한의 서정시 모음이다. 제1집에 들어 있는 시 15편은 그의 잔잔한 목소리에 실려 사랑의 무지개로 떠오르고 있으며, 제2집에 들어 있는 어머니에 대한 시 17편은 이끼처럼 피어난 어머니들의 주름살을 떠오르게 한다.

낭송이란 무엇이겠는가. 판소리가 판소리인 것은 소리꾼이 뱉어내는 소리의 꺾임과 혼절에 따라 다시 태어나는 사설의 변주에 있다. 마찬가지로 시 낭송이란 활자화된 텍스트를 청각의 울림으로 자극하는 것일 터, 이때 보이스 탤런트의 변주와 연기력이 그만큼 큰 역할을 한다고 하겠다. 그 역시 자기만의 감정을 한껏 살려 너무나 아름답고 슬픈 우리 시에 새 생명을 불어넣었다.

어머니를 주제로 한 시를 녹음한 특별한 계기는?

□■■북한의 오영재 시인이 1차 이산가족 상봉 때 한국에 왔는데, 어머니가 돌아 가셨잖아요. 그래서 자기가 북에서 쓴 「늙지 마시라, 어머니여」를 낭송하면서 그렇게 울더라고요. 저도 그 순간 울었는데, 인터넷으로 시를 뽑아서 읽다가 또 울었어요. "늙지 마시라 / 늙지 마시라, 어머니여 / (……) / 너 기어이 가야만 한다면 / 어머니 앞으로 흐르는 세월을 / 나에게 다오 / 내 어머니 몫까지 / 한 해에 두 살씩 먹으리." 저는 엄마가 돌아가셨는데 아버지 생각을 하니까 그렇게 눈물이 나요. 그래서 노래로 하나 남기고 나머지는 낭송을 하자 싶어 김희갑 씨가 작곡을 하고 이동원 씨하고 같이 노래를 불렀어요.

다른 질문인데요. 보이스 탤런트 선발대회는 어떻게 해서 열게 되셨어요?

□■■ 아주 단순한 계기였어요. 슈퍼 모델 선발대회는 있는데 왜 보이스 탤런트 선발대회는 없나 싶었죠. 그래서 슈퍼 보이스 탤런트 선발대회라는 명칭을 걸고 제가 심사를 맡았어요. 소리는 모든 영역에 다 들어가 있잖아요. 탤런트도 소리가 없으면 무의미하고, 모델이나 무용하는 사람 빼놓고는 소리가 다 들어가잖아요. 가수, 탤런트, 영화배우 등 모든 영역에서 소리의 재주꾼이 필요하니까요. 그래서 단순히 목소리 테스트만 하지 않고 다방면에 능한 재주꾼들을 뽑는다는 생각으로, 춤도 추게 하고 노래도 불러보게 한 다음 마지막으로 보이스 연기를 시켰어요. 뭐든 자기가 가장 잘할 수 있는 것을 시키고 보이스의 재능을 가진 사람을 뽑았죠. 2회 대회에서 대상 탄 친구가 배칠수예요. 나중에 인생이 바뀌었잖아요.
첫 보이스 탤런트 대회에서 만 원씩 접수비를 받았는데, 아홉 명에게 상금을 주고 5백만 원이 남길래 심장병 수술을 해줬어요. 지금까지 열한 명이 수술을 받았죠.

사업과 소리 창조를 병행하다보면 구설수에 오르기 쉬워 신경이 쓰일 텐데요.

□■■ 두 가지를 병행할 때 가장 중요한 것은 사람의 성품이라고 봐요. 아니면 그 사람이 갖고 있는 향기라고나 할까요? 향기가 있는 사람은 아무리 어려운 일을 겪어도 그렇게 힘겨워하지 않아요. 얼마나 잘 병행하느냐는 다른 비결이 없고, 결국 그 사람의 성품에 달려 있다고 봐요.

권희덕은 소리사냥이라는 타이틀로 시 낭송 음반을 냈다.

제1집 「마음으로 듣는 시」는 우리나라의 대표적인 연시들을 모아 낭송한 것이고,

제2집 「늙지 마시라, 어머니」는 어머니를 주제로 쓴 남북한의 서정시 모음이다.

그는 자기만의 감정을 한껏 살려 너무나 아름답고 슬픈 우리 시에 새 생명을 불어넣었다.

소리 창조에 대한 그의 집착과 사랑은

자전적 에세이 「목소리도 디자인하기 나름이죠!」에

소상히 펼쳐져 있다.

그는 "우리들이 살아가는 이 지구가 한 알의 사과라면,

그 안에 사랑이란 소중한 씨앗을 감추고 있기에

세상은 늘 향기롭고, 다시 새로워지고,

상큼할 수 있다고" 믿는다.

광고업은 인간관계에 많은 영향을 받는 업종인데요.

□■■ 맞아요. 그러니까 더 힘들죠. 더군다나 다는 아니지만 광고하는 사람들의 근성이 그렇잖아요. 남 잘되는 꼴 못 보고, 상대방이 올라가면 끌어내리고, 뭐 이런 심술 있잖아요? 어느 날 후배가 갑자기 일을 많이 하고 크기 시작하면, 선배들이 일단 경계를 하는데 그러다가 만약 잘못된 점이 나타나면 가차 없이 끌어내려요. 그래서 좀 앞서가려는 사람은 굉장히 조심해야 해요. 저는 별로 그렇게 잘 어울리지를 못했어요. 일을 하다보니까 돈도 좀 벌었는데, 그렇다고 선배들한테 특별히 잘하지도 않았고 후배들한테 못한 것도 없이 항상 똑같이 대했어요.

제가 좋아하는 노래 두 곡이 있는데, 김건모의 「핑계」하고 신효범의 「언제나 그 자리에」예요. 저는 주변 사람들이 어려움을 겪을 때는 「핑계」의 "입장 바꿔 생각을 해봐"를 들어보라고 이야기해요. 광고 바닥 역시 광고회사에 있다가 광고주로 가기도 하고 광고주에 있다가 광고회사로 가며 주객이 전도되는 경우도 많아요. 항상 입장 바꿔서 생각해보면, 아무리 칼자루를 쥔 광고주라고 해도 그걸 함부로 휘두르면 안 돼요. 갑과 을의 관계는 언젠가 바뀔 수 있어요. 또, "언제나 그 자리에"는 자기가 어렵게 됐든 잘됐든 항상 그 자리에서 지켜봐줄 수 있는 그런 자세를 갖고 있어야 한다는 뜻입니다. 아무리 시대가 바뀌고 어쩌고저쩌고 해도 항상 그 자리에 있고, 어떤 사람 앞에서도 항상 똑같은 모습을 유지하는 것이 인생을 잘 사는 방법이라고 봐요. 결국 이 두 가지를 슬기롭게 병행하는 것이 필요하다고 봐요.

 삶 속에서 크리에이티브를 찾다

다들 귀담아들어야 할 말씀이네요. 욕심이 너무 많아 사업을 확장한다고 험담하는 광고계 사람들은 없어요?

□■■■하거나 말거나 상관 안 해요. 지나면서 보니까 제가 사는 데 도움을 한 번도 안 준 사람들은 그런 말들을 하고 다니고, 저를 찾아와주고 제 옆에 있어준 사람들은 절대 그런 말을 안 해요. 대신 저는 돈을 벌어 보람 있게 쓰려고 해요. 부모 없는 아이들을 도와주는 '덕이모 사랑모임'이라는 것도 하고 있는데, 희덕이 아줌마와 엄마들이 함께하는 아이 사랑모임이죠. 여기서는 한 자녀 더 갖기 운동을 펼치고 있어요. 아이를 더 낳으라는 뜻이 아니라 남의 아이를 자기 아이처럼 생각해서 한 자녀를 더 돌보라는 뜻이죠. 공연 구경 올 때도 자기 아이만 데려오지 말고 그런 아이들 한 명씩 더 데리고 오라는 것이죠. 저는 늘 뭔가를 시도하면 그 안에서 교육적인 내용을 강조하는데, 특히 봉사가 가장 중요하다고 보고 사회봉사를 가장 강조해요.

세상에는 그를 비판하는 사람들도 있다. 욕심이 많다는 것이다. 열등감이 많은 사람들은 대체로 너그럽지 못한 법인데, 그를 비판하는 사람들도 예외는 아닌 듯하다. 그러나 늘 다른 모습으로 영역을 확장해나가는 그의 종횡무진을 목도하며 돈에 눈이 멀었다고 비판하기 전에, 그의 예술적·경제적인 성취와 함께 그가 몸소 실천하고 있는 이런저런 봉사활동도 반드시 눈여겨보아야 할 것이다. 누가 뭐라 해도 그는 언제나 그 자리에서 자신의 정체성을 지키고자 하였으며, 상대방이 어려움에 처하면 늘 입장 바꿔 생각해보려고 노력하였다. 그는 대중들 곁에서 친근한 목소리로 기억되고 싶은 욕심 외에는 다른 욕심이 많지 않다고 고백하였다. 아무리 말과 행동이 다른 인간사라 할지라도 소리의 영역에서 일가를 이루겠다는 그의 창의적인 시도들을 매우 너그럽게 받아들여야 하리라.

마지막 아름다움, 그 하나를 위해

보이스 탤런트라 입장이 조금 다를 것 같은데 광고 창의성이란 무엇일까요?

□■■ 보이스 탤런트는 광고 창작의 마지막 작업을 빛내주는 사람들이죠. 처음에 아이디어 낼 때부터 창의적으로 생각하고 일하는 것은 아니니까요. 앞에서 작업한 팀들이 어떤 아이디어를 냈건 간에 그럴듯하게 감동적으로 포장을 잘해내는 마지막 작업이 우리가 하는 일이거든요. 그러니까 앞사람들이 준비해온 아이디어를 마지막 주자가 정말 포장을 잘해주는 것이 광고 창의성이라고 봐요. 우리가 보는 창의성과 광고회사 사람들이 보는 창의성은 분명 달라요. 어떤 상품 광고의 각도가 조금 이상하면 우리는 각도를 잡아주며 소리를 집어넣어 표현을 다르게 해요. 그렇게 되면 처음 것과 완전히 달라지는데, 결국 소리의 포장을 어떻게 하느냐가 결정적인 문제라고 봐요.

전혀 색다른 광고 창의성 개념이네요.

□■■ 그래서 앞에서 잘 만들어오면 저는 더 심혈을 기울여 녹음하고, 앞에서 해온 작업이 조금 처진다할지라도 그 부족함을 제 목소리로

메우기 위해 더욱더 열심히 녹음하고……. 최선을 다하는 길밖에 없어요. 마지막 포장이 가장 중요하니까요.

카피라이터나 PD들에게 꼭 하고 싶은 말씀은?
□■■■아무리 세태의 흐름이라지만 억지로 브랜드를 주입시키려는 카피들이 너무 많아요. 녹음을 하다보면 숨이 턱턱 막히는데, 이렇게 여기저기서 걸리는 카피를 안 썼으면 좋겠어요. 어차피 소비자와 만나는 것은 최종 녹음된 것이니까 카피라이터들 스스로가 보이스 탤런트라고 생각하고 사전에 몇 번 읽어보고 낭송해보고 나서 녹음실에 넘겨줬으면 좋겠어요. 그리고 PD들도 그냥 트렌드를 따라가려는 경향이 많은데 무조건 그렇게 흘러가지 않았으면 좋겠어요. 그림만 좋다고 광고가 아니잖아요. 그림과 카피가 제대로 맞아떨어지려면 PD가 그만큼 감각 훈련을 해야 해요.

권희덕은 스스로 아이디어를 낸다고는 말하지 않았다. 그동안 수많은 광고에 소리의 색깔을 입혔으나 자기가 하는 일은 남의 아이디어를 마지막에 빛내주는 것이라고 보았다. 그는 자신이 하는 일의 성격과 경계를 정확히 알고 있었으며, 거기에 충실하고자 하였다. 자신의 소리 사냥으로 인하여 남의 아이디어가 빛나고, 그래서 광고가 빛나고 나아가서 소비자들이 그 광고를 기억함으로써 상품이 잘 팔릴 수 있다면, 그것이 가장 즐거운 일이라고 보았던 것이다. 따라서 그만의 창의성 개념은 '마지막 포장 작업'이다. 광고 현업에서 고참 광고 창작자들이 후배들에게 "피니싱

(finishing), 피니싱!" 하며 마무리의 중요성을 강조하는데, 그 역시 마지막 완성도를 위하여 자신의 소리 연기에 혼신의 노력을 경주한 것이다.

바둑을 둬본 사람은 안다. 마지막 끝내기에서 선수를 뺏기면 결국 승패가 뒤바뀔 수 있음을. 마찬가지로 광고 메시지의 설득력도 마무리 끝내기에서 소리를 0.1초 늘이고 줄이는 데에 따라 크게 달라질 것이다. 이렇게 보면 그가 즐겨 떠난 소리의 사냥터는 메아리가 우렁차게 울려 퍼지는 골이 깊은 첩첩산중이 아니라 한갓 0.1초라는 시간의 뾰족탑이 아니었을까? 파리 한 마리도 앉기 어려운 시간의 탑 위에서 그는 평생토록 에코의 흔적을 찾아다녔는지도 모른다.

크리에이티브의 길을 묻다

초판인쇄 | 2004년 8월 10일
초판발행 | 2004년 8월 15일

지은이 | 김병희
펴낸이 | 심만수
펴낸곳 | (주)살림출판사
출판등록 | 1989년 11월 1일 제9-210호

주소 | 110-847 서울시 종로구 평창동 358-1
전화 | 02)379-4925~6
팩스 | 02)379-4724
e-mail | salleem@chollian.net
홈페이지 | http://www.sallimbooks.com

© (주)살림출판사, 2004   ISBN 89-522-0276-7 03810

* 잘못된 책은 구입하신 서점에서 바꾸어 드립니다.
* 저자와의 협의에 의해 인지를 생략합니다.

값 12,000원